广告设计项目实训

第二版

- 主　编　郑书敏
- 副主编　凡　鸿　朱红波　田　浩
　　　　　程晓薇　梁　丹　陈　婧
- 参　编　肖　敏　郑蓉蓉　谭小贝
　　　　　熊朝阳　潘春红　黄湘菡

高职高专艺术学门类
"十四五"规划教材

职业教育改革成果教材

ART DESIGN

华中科技大学出版社
http://www.hustp.com
中国·武汉

图书在版编目(CIP)数据

广告设计项目实训/郑书敏主编.—2版.—武汉：华中科技大学出版社,2021.1(2024.12 重印)
ISBN 978-7-5680-6835-2

Ⅰ.①广… Ⅱ.①郑… Ⅲ.①广告设计-职业教育-教材 Ⅳ.①F713.81

中国版本图书馆 CIP 数据核字(2021)第 005654 号

广告设计项目实训(第二版)
Guanggao Sheji Xiangmu Shixun (Di-er Ban)

郑书敏　主编

策划编辑：	彭中军
责任编辑：	段亚萍
封面设计：	优　优
责任监印：	朱　玢

出版发行：华中科技大学出版社(中国·武汉)　　电话：(027)81321913
　　　　　武汉市东湖新技术开发区华工科技园　　邮编：430223
录　　排：武汉创易图文工作室
印　　刷：武汉科源印刷设计有限公司
开　　本：880 mm×1230 mm　1/16
印　　张：8
字　　数：259 千字
版　　次：2024 年 12 月第 2 版第 3 次印刷
定　　价：49.00 元

本书若有印装质量问题，请向出版社营销中心调换
全国免费服务热线：400-6679-118　竭诚为您服务
版权所有　侵权必究

前言
Preface

  本书采用项目式教学法，包括六个项目，每个项目里面有三个实训，围绕着实训精心设计了相应的工作案例，通过"职业素质""案例分析""设计要求""设计过程""知识点总结""职业快餐"等六个环节，对项目实训任务进行分析、提出要求，再讲述实现任务的具体方法。本书通过系统地对任务所涉及的知识点进行全面的讲解，来帮助读者进一步掌握和巩固基础知识，快速提高综合应用的实践能力，使学生的"学与做""理论和实践"达到有机统一，真正达到"教、学、做"三位一体的教学目的。

  本书选取海报宣传设计、装帧设计、包装设计、VI视觉设计、户外广告设计和界面设计等六大职业岗位的典型的、真实的工作项目进行知识、技能分析，以工作任务为导向，精心设计教学案例，将知识和技能融入任务的学习中，让学生的学习过程成为学习职业岗位技能的过程，让学生积累实践经验，为实现零距离上岗做好准备。

  Photoshop CS5是著名的Adobe公司推出的图形图像处理与设计软件，它集图像编辑、设计、合成、网页制作和高品质的图片输出等功能于一体，是广告设计中比较常用的图形图像处理与设计软件。本书根据教学大纲的要求和初学者的实际情况，从实用角度出发，循序渐进、由浅入深地全面介绍了Photoshop CS5的基本操作和实际应用。

  书中的主要案例来自编者多年来使用Photoshop的经验总结和武汉朱红艺术传播有限公司的实际项目，也有部分内容取自网络案例。考虑到Photoshop的操作非常复杂，对书中的理论讲解和实例示范都做了一些适当的简化处理，尽量做到循序渐进、深入浅出、通俗易懂。

  本书可作为职业院校广告设计专业及其相关专业方向的基础教材，也可作为各类计算机应用培训班的教材，还可作为有关行业从业人员的参考用书。

  由于编者水平有限，在编写的过程中，我们参考了大量的相关资料，同时也多次向同行请教。这里，向所有提供帮助和关心的人表示感谢。虽然在编写过程中几经易稿，但书中仍有不足，若给读者带来不便，敬请原谅。同时也希望广大读者批评指正。

编 者

2020年5月

目录 Contents

项目一 海报宣传篇 /1
实训1 卡片设计 /2
实训2 宣传单张设计 /7
实训3 折页设计 /14

项目二 装帧篇 /23
实训1 CD封面设计 /24
实训2 杂志封面设计 /31
实训3 书籍、宣传册封面设计 /35

项目三 包装篇 /43
实训1 食品包装设计 /44
实训2 饮品包装设计 /51
实训3 玩具包装设计 /57

项目四 VI视觉篇 /64
实训1 企业LOGO设计 /65
实训2 企业手提袋设计 /70
实训3 企业员工制服设计 /76

项目五 户外广告篇 /81
实训1 易拉宝设计 /82
实训2 道旗广告设计 /89
实训3 站台广告设计 /94

项目六 界面篇 /99
实训1 界面图标设计 /100
实训2 登录界面设计 /108
实训3 GIF动画设计 /116

参考文献 /123

Guanggao Sheji Xiangmu Shixun

项目一
海报宣传篇

海报宣传属于广告宣传的一种形式,具有相当大的号召力与艺术感染力。海报通过对招贴的属性、审美特征、创意特点及表现形式进行阐述,使其在多媒介、多传播形式的当今社会,在传播领域中发挥更重要的作用。

海报宣传的设计将主体创意图形与广告主需要表达的文字生动地编排在一起,彰显设计个性,突出主题,进而达到商业或其他视觉美的要求。

实训 1
卡 片 设 计

卡片设计属于平面广告宣传设计的一种,是将不同的基本图形按照一定的规则在平面上组合成图案的。在当今社会卡片以多种常见形式出现,如名片、宣传卡、贺卡、会员卡、银行卡等。

1. 职业素质

(1)颜色模式必须设置成 CMYK 颜色,如果最初是 RGB 模式,出片或者喷绘之前也要转化成 CMYK 颜色。

(2)对于喷绘来说,72 像素/英寸就足够,印刷的像素就必须设定为 300 像素/英寸(350 像素/英寸也可以,如果再大就没有意义了,因为印刷的水平达不到)。

(3)运用图片时,选择适合文件的大小,否则成品会出现马赛克现象,影响画面质量。

2. 案例分析

本案例为武汉朱红艺术传播有限公司的员工名片(见图 1-1)。在水墨丹青中很容易找准朱红的色相,也为设计的名片找准了基色,其次是文字信息和版式设计。

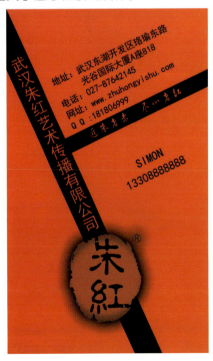

图 1-1

3. 设计要求

为了使名片便于记忆,具有较强的易识别性,让人在最短的时间内获得所需要的信息,名片设计必须做到文字简明扼要、字体层次分明、设计意识鲜明和艺术风格新颖等。名片设计的基本要求应强调三个字:简、功、易。

(1)简:名片传递的主要信息要简明清楚,构图要完整明确。

(2)功:注意质量、功效,尽可能使名片传递的信息明确。

(3)易:便于记忆,易于识别。

4. 设计过程

(1)新建"名片"文档,尺寸为55毫米×91毫米,分辨率为300像素/英寸,颜色模式为CMYK颜色,如图1-2所示。

(2)单击工具栏中的"设置前景色"工具按钮，打开"拾色器(前景色)"对话框,设置前景色的C、M、Y、K的参数值,分别为"0％""100％""100％""0％",如图1-3所示。单击工具栏中的"油漆桶工具",单击名片图像窗口,为名片填充红色。

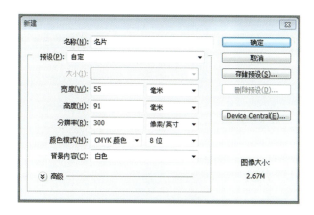

图1-2

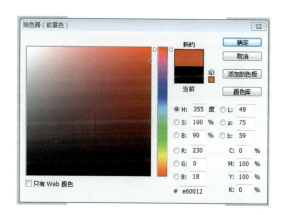

图1-3

(3)从新窗口中打开素材——公司标志,单击工具栏中的"魔棒工具",选择标志中的白底,按住键盘中的"Delete"删除键,去掉背景色,使其白底变为透明,如图1-4所示。

(4)单击工具栏中的"移动工具",拖曳标志图形到名片文件中,如图1-5所示,将图层命名为"标志"。

图1-4

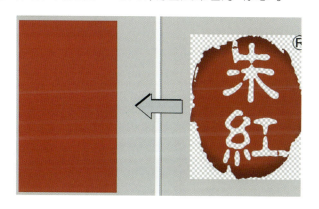

图1-5

(5)复制"标志"图层制作投影,将其图层命名为"投影",如图1-6所示。

(6)将投影图层中的标志填为黑色,并执行【滤镜】→【模糊】→【高斯模糊】,如图1-7所示。

(7)新建图层"线条",单击工具栏中的 工具绘制矩形,将工具栏中的前景色设置为黑色,单击工具栏中的

"油漆桶工具"为矩形填充黑色。执行组合键"Ctrl+D"取消选区,对矩形进行旋转,执行【编辑】→【变换】→【旋转】,逆时针旋转15°,单击键盘中的"Enter"回车键结束本次编辑。最后调整图层顺序,如图1-8所示。

(8)单击工具栏中的 T.工具,并在名片图形窗口中输入公司名称"武汉朱红艺术传播有限公司",将文字图层置于黑色矩形图层之上。文字选用黑体,C:0% M:100% Y:100% K:0%,并按照上一步骤对文字也进行旋转,如图1-9所示。

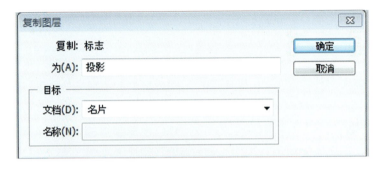

图1-6

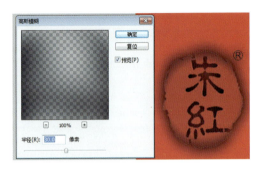

图1-7

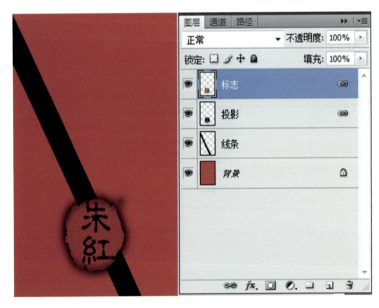

图1-8

图1-9

(9)新建图层"线条2",单击工具栏中的▢工具绘制黑色矩形,在矩形上方横排广告语"近朱者赤 尽心者红",如图1-10所示。

(10)输入公司地址等信息,名片设计完成,执行【文件】→【存储】,将名片存储格式设为psd,便于下一次修改与处理。最终效果如图1-11所示。

5. 知识点总结

1)新建、存储文件

新建文件命令,可以设置文件的大小、分辨率、背景色等。

执行【文件】→【新建】命令或按下"Ctrl+N"组合键,打开"新建"对话框,在对话框中设置文件的名称、尺寸、分辨率、颜色模式和背景内容等选项,单击"确定"按钮,即可新建一个空白文件。

存储文件,新建文件或者对文件进行处理后,需要及时将文件保存,以免因断电或者死机等造成劳动成果付之东流。

图 1-10　　　　　　　　　图 1-11

如果对一个打开的图像文件进行编辑,可执行【文件】→【存储】命令(Ctrl+S),保存对当前图像所做的修改。如果在编辑图像时新建了图层或者通道,则执行该命令时将打开"存储为"对话框,在该对话框中可以指定一个可以保存图层或者通道的格式,另存文件。

2)新建、复制图层

新建图层:单击"图层"面板中的"创建新图层"按钮,即可新建一个图层。Photoshop CS5 会将新建的图层放置在当前图层的上面,并将其设置为当前图层。如果想要在当前图层的下面新建图层,可以在按住"Ctrl"键的同时单击"创建新图层"按钮。"背景"图层下面不能创建图层。

使用"新建"命令新建图层:执行【图层】→【新建】→【图层】(Shift+Ctrl+N)命令,打开"新建图层"对话框,在该对话框中设置选项后,单击"确定"按钮可以创建一个新的图层。这些选项包括图层的"名称""颜色""模式"等。

在面板上复制图层:将需要复制的图层拖曳到"图层"面板中的"创建新图层"按钮上,即可复制该图层。

单击"复制图层"命令复制图层:选择了一个图层后,执行【图层】→【复制图层】命令,可以打开复制图层对话框,在该对话框中设置选项后,单击"确定"按钮可复制图层。

3)滤镜—模糊—高斯模糊

高斯模糊滤镜——相机的柔焦镜头。除高斯模糊外,Photoshop CS5 还有模糊和进一步模糊滤镜,但这两种滤镜的效果都不明显,且高斯模糊滤镜也可产生同样的效果。高斯模糊滤镜与传统摄影中的柔焦相似。使用方法:打开准备处理的照片后,下拉"滤镜"菜单,执行【模糊】→【高斯模糊】命令,在弹出的高斯模糊对话框中,调整"半径"的值(值越大,就越模糊),然后单击"确定"按钮。还可以将整个画面通过拷贝、粘贴形成一个新图层,以新图层制作模糊效果,然后将该图层调整成半透明状态,合并图层后存盘。

4)文字直排、横排

排列方向决定文字是以横向排列(即横排)还是以竖向排列(即直排),其实选用"横排文字工具"还是"直排文字工具"都无所谓,因为随时可以通过按钮来切换文字排列的方向,如图 1-12 所示。使用时文字图层不必处在编辑状态,只需要在图层面板中选择即可生效。需要注意的是,即使使文字图层处在编辑状态,并且只选择其中一些文字,该选项还是将改变该图层所有文字的方向。也就是说,这个选项不能针对个别字符产生效果。

图 1-12

6. 职业快餐

(1)积分卡案例,如图 1-13 所示。

(2)贺卡案例,如图 1-14 所示。

图 1-13

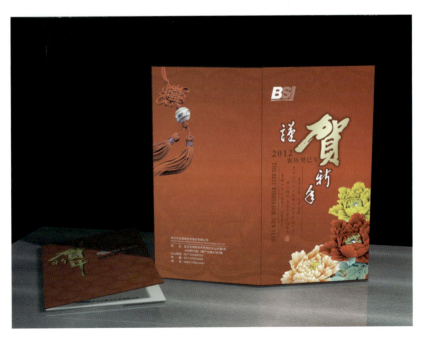

图 1-14

实训 2
宣传单张设计

尽管现代的宣传形式日新月异,宣传单张仍然被广泛使用,而且是一种低成本且行之有效的宣传手段。再加上现在精细的打印技术,宣传单张的视觉效果已经非常吸引人。

1. 职业素质

(1)宣传单页尺寸:通常 16 开的尺寸为 210 毫米×285 毫米,8 开的尺寸为 420 毫米×285 毫米,设计时各边都要加上 3 毫米的出血线,非标准的尺寸可能会造成纸张的浪费,所以在选用时需要格外小心。

(2)色彩、字号与格式:彩页制作文件的颜色模式设为 CMYK 颜色,字体字号不小于 7 号,存储为.tif 或.jpg 格式,分辨率设置为 300 像素/英寸以上。

(3)纸张:常用的纸张规格有 80 克、105 克、128 克、157 克、200 克、250 克等。纸张的类型除了铜版纸外,还可选择双胶纸和艺术纸。

(4)后期加工:宣传单张可选择表面过油、覆膜等后期加工工艺来提高亮度或强度等。

2. 案例分析

本案例为加多宝活动海报(见图 1-15),海报以"唱·饮加多宝,直通中国好声音"为主题。在海报中突出唱(活动形式)及饮(参与方式)。

图 1-15

3. 设计要求

海报最基本、最重要的功能是传播信息,特别是商业海报,充当着传递商品信息的角色,使消费者和生产厂家都可以节约时间,及时解决各种需求问题。

(1)通过图片和色彩来增强视觉冲击力,突出主题。

(2)海报表达的内容要精练,要抓住主要诉求点。

(3)以图片为主,以文案为辅,内容不可过多。

(4)版式可以做艺术性的处理,以吸引观众。

(5)主题文字要醒目突出。

4.设计过程

(1)新建文件,执行【文件】→【新建】命令或按"Ctrl+N"组合键,参照图 1-16 所示设置"新建"对话框,创建名为"海报"的文档。尺寸为 42 厘米×57 厘米,分辨率为 300 像素/英寸,颜色模式为 CMYK 颜色。

(2)单击工具栏中的"设置前景色"按钮,将前景色设置为黑色,单击工具栏中的"油漆桶工具",在海报图形窗口上填上黑色,如图 1-17 所示。

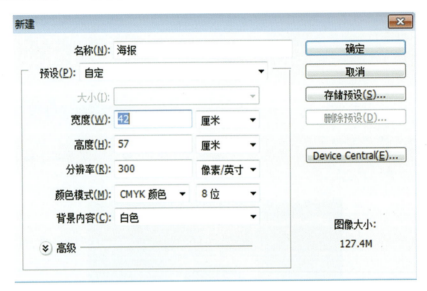

图 1-16

图 1-17

(3)执行【文件】→【打开】命令,打开素材库中的"斜纹方格",并将"斜纹方格"拖曳到海报图形窗口中,按住"Ctrl+T"组合键,根据实际需要放大或缩小"斜纹方格"图片,使图像填充在整个背景里面,如图1-18所示。

(4)单击"图层"面板左下角的 ◯ 图标,给图层添加蒙版,单击工具栏中的"设置前景色"按钮,将前景色设置为灰色,单击工具栏中的"画笔工具",将"斜纹方格"图片下端的斜格底纹减淡,如图1-19所示。

(5)执行【文件】→【打开】命令,打开素材库中的"音频"文件,将"音频"复制到海报图形窗口中,给该图层添加蒙版,运用工具栏中的"画笔工具"将中间的音符淡入黑色背景中,如图1-20所示。

图 1-18

图 1-19

图 1-20

(6)新建图层,在该图层面板中设置该图层混合模式为"叠加",单击工具栏中的"椭圆选框工具" ◯ 绘制椭圆选区,如图1-21所示。在选框区域单击右键,选择"填充",内容使用为白色,不透明度为80%,如图1-22所示,按住键盘中的"Ctrl+D"取消选区,结束本次编辑。

(7)选中白色椭圆图层,执行【滤镜】→【模糊】→【高斯模糊】命令,将白色融入背景中。单击工具栏中的"矩形选框工具",框选椭圆下端,按住键盘中的"Delete"键,删除选中的区域,单击"Ctrl+D"取消选区。用选框工具将圆弧下端删除,如图1-23所示。

图 1-21

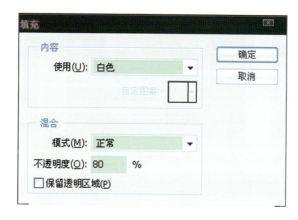
图 1-22

图 1-23

(8)执行【文件】→【打开】命令,将素材库中加多宝产品的图片复制到海报图形窗口中。按住"Ctrl+T"组合键,根据实际需要放大或缩小,按住"Shift"键,根据实际需要等比例放大、缩小,单击工具栏中的"移动工具",拖动图像,放置在画面上方,如图1-24所示。

(9)对加多宝产品图片制作外发光的效果,在"图层"面板下方单击 fx.,打开"图层样式"对话框,添加"外发光"图层样式,如图1-25所示。

(10)执行【文件】→【打开】命令,打开素材库中的"舞动"文件,将舞动人群图片复制到海报图形窗口中,该图层放置在加多宝产品图层之后,如图1-26所示。

(11)对舞动人群图层添加图层蒙版,将前景色设置为灰色,运用工具栏中的"画笔工具"将舞动人群下端减淡,如图1-27所示。

(12)单击工具栏中的文字工具,然后输入海报主题"唱·饮加多宝 直通中国好声音",调整文字的大小,如图1-28所示。

图1-24

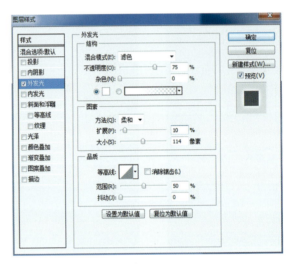

图1-25

图1-26

图1-27

图1-28

(13)选择文字图层,单击鼠标右键,在弹出的快捷菜单中选择"栅格化文字",将文字变成位图,并对位图文本添加图层样式,外发光为白色,描边为黑色,渐变叠加,如图1-29所示。

(14)执行【文件】→【打开】命令,打开素材库中的彩色底纹,将彩色底纹复制到海报图形窗口中,添加图层蒙版,将前景色设置为黑色,运用工具栏中的"画笔工具"将彩色底纹边缘融入黑色背景中,如图1-30所示。

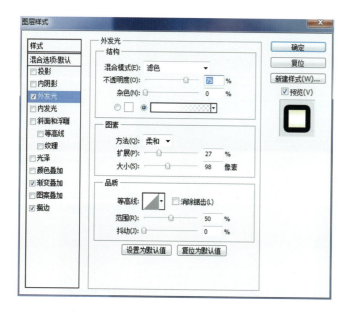

图 1-29   图 1-30

(15)新建图层以制作光束线条:单击工具栏中的 "矩形选框工具",绘制长条选区并填入淡蓝色,执行【滤镜】→【模糊】→【动感模糊】命令,如图 1-31 所示。

(16)按住键盘中的"Alt"键,拖动现有的光束即可复制一个光束,操作两次效果如图 1-32 所示。

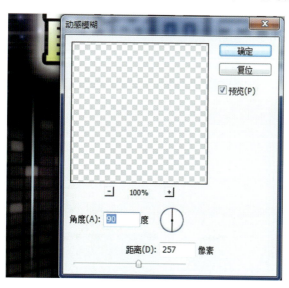

图 1-31   图 1-32

(17)单击工具栏中的文字工具,输入活动内容、报名方式、海选地点、复赛单位、决赛等文字,调整字体、大小、色彩。单击工具栏中的"椭圆选框工具",按住"Shift"键绘制正圆,填充黄色,制作黄色圆点放置于文字开头,按住键盘中的"Alt",拖动现有小黄点可复制黄点,如图 1-33 所示。

(18)执行【文件】→【打开】命令,打开素材库中的"音符"文件,并将"音符"文件复制到海报图形窗口中,调整音符在海报中的位置和大小,如图 1-34 所示。

(19)执行【文件】→【打开】命令,将加多宝标志和相应素材打开,然后复制到海报图形窗口中,调整其大小和位置,如图 1-35 所示。执行【文件】→【存储】命令,将海报储存为 psd 格式,便于下一次修改与处理。

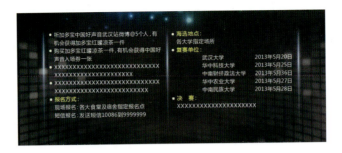

图 1-33

图 1-34

图 1-35

5. 知识点总结

1) 海报尺寸

海报招贴张贴于公共场所,会受到周围环境和各种因素的影响,所以必须以大画面及突出的形象和色彩展现在人们面前。其画面尺寸有全开、对开、长三开及特大画面(8张全开)等。最常见的是4开,43厘米×58厘米。

2) 图层蒙版

图层蒙版可以理解为在当前图层上面覆盖一层玻璃片,这种玻璃片有透明的、半透明的、完全不透明的;然后用各种绘图工具在蒙版上(即玻璃片上)涂色(只能涂黑色、白色、灰色)。涂黑色的地方蒙版变为透明的,看不见当前图层的图像;涂白色,则使涂色部分变为不透明的,可看到当前图层上的图像;涂灰色使蒙版变为半透明,透明的程度由涂色的灰度深浅决定。图层蒙版是 Photoshop 中一项十分重要的功能。

3) 图层样式

Photoshop CS5 有十种不同的图层样式。

①投影:为图层上的对象、文本或形状添加阴影效果。投影参数由"混合模式""不透明度""角度""距离""扩展""大小"等各种选项组成,通过对这些选项的设置可以得到需要的效果。

②内阴影:在对象、文本或形状的内边缘添加阴影,让图层产生一种凹陷外观,内阴影效果使文本对象效果更佳。

③外发光:从图层对象、文本或形状的边缘向外添加发光效果。设置参数可以让对象、文本或形状更精美。

④内发光:从图层对象、文本或形状的边缘向内添加发光效果。

⑤斜面和浮雕:为图层添加高亮显示和阴影的各种组合效果。

⑥光泽:对图层对象内部应用阴影,与对象的形状互相作用,通常创建规则波浪形状,产生光滑的磨光及金属效果。

⑦颜色叠加:在图层对象上叠加一种颜色,即用一层纯色填充到应用样式的对象上。可以从"设置叠加颜色"选项,通过"选取叠加颜色"对话框选择任意颜色。

⑧渐变叠加:在图层对象上叠加一种渐变颜色,即用一层渐变颜色填充到应用样式的对象上。通过"渐变编辑器"还可以选择使用其他的渐变颜色。

⑨图案叠加:在图层对象上叠加图案,即用一致的重复图案填充对象。在"图案拾色器"中还可以选择其他的图案。

⑩描边:使用颜色、渐变颜色或图案描绘当前图层上的对象、文本或形状的轮廓,对于边缘清晰的形状(如文本),这种效果尤其有用。

4) 栅格化文字

Photoshop 中,使用文字工具输入的文字是矢量图,优点是可以无限放大,不会出现马赛克的现象,缺点是无法使用滤镜效果,因此使用栅格化命令将文字栅格化,可以制作更加丰富的效果。方法是在文字图层上右击,在弹出的快捷菜单中选择"栅格化"文字,这样就可以制作出样式多样、漂亮的文字。

6. 职业快餐

(1)企业文化宣传海报,如图 1-36 所示。

(2)校园活动主题海报,如图 1-37 所示。

图 1-36

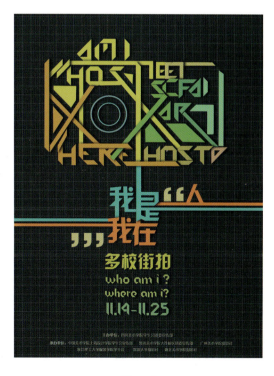

图 1-37

实训 3 折 页 设 计

折页在企业建立品牌形象和促进产品销售的过程中有着不可忽视的作用,在不断的视觉重复中,让企业的产品或品牌形象深入人心。常见的折页有两折页、三折页、四折页等。折页是一种有力的广告,是一种在日常生活中经常见到的宣传方式,对于小企业来说它具有经济实惠、效果明显的优点。

折页设计一般分为封面设计、封底设计及内页设计。封面设计应抓住商品的特点,运用逼真的摄影照片或其他形式,以定位的方式、艺术的表现吸引消费者;封底设计包括品牌名、商标及企业名称、联系地址等;内页的设计详细地反映商品方面的内容,图文并茂。宣传折页设计应完整地表现出所要宣传的内容,并且针对性强,明确地表达出宣传的目的。

1. 职业素质

(1)三折页广告尺寸:成品尺寸 210 毫米×285 毫米,把 285 毫米分三份也就是 210 毫米×95 毫米×3(3 个 95 毫米拼起来的),实际建立文件时是 216 毫米×291 毫米(3 毫米的出血),非标准的尺寸可能会造成纸张的浪费,所以在选用时需格外小心。

(2)色彩、字号与格式:彩页制作文件的颜色模式设置为 CMYK 颜色,字体大小不小于 7 号,存储为 .tif 或 .jpg 格式,分辨率设置为 300 像素/英寸以上。

(3)纸张:常用的纸张规格有 80 克、105 克、128 克、157 克、200 克、250 克等。纸张的类型除了铜版纸外,还可选择双胶纸及艺术纸。

(4)后期加工:宣传折页可选择表面过油、覆膜等后期加工工艺来提高亮度或强度等。

2. 案例分析

安琪悦母婴护理会所坐落于风景优雅、景色绝佳的南湖畔——丽岛花园桂园 6 号,低调奢华中透露着都市里难觅的宁静,是目前武汉高端私密月子会所。

该会所拥有一支由资深妇产科专家、新生儿专家、营养师、中医师、护士等组成的专业母婴护理团队。

该会所以科学养生理念、私密空间、完备设施、专业护理团队为妈妈和宝宝提供现代医学与传统中医相结合的母婴护理及产后恢复服务。其折页设计如图 1-38 所示。

3. 设计要求

(1)折页体现会所的简介和会所的服务项目介绍。

(2)图文并茂,版式优雅。

(3)选用 200 克铜版纸,覆亚膜。

4. 设计过程

(1)新建文件。

启动 Photoshop CS5,执行【文件】→【新建】命令或按"Ctrl+N"组合键,参照图 1-39 所示设置"新建"对

图 1-38

话框,创建名为"三折页"的文档。新建尺寸包括上、下、左、右出血各 3 毫米,如图 1-39 所示。

(2)新建图层组和图层。

单击"图层"面板底部的"创建新组"按钮,并从"图层"菜单或"图层"面板菜单中选取"组属性",在对话框中将图层组命名为"封面封底"。按相同的方法创建"内页"图层组。然后在图层组内新建图层,并一一双击图层缩览图,按图示为新图层命名,如图 1-40 所示。

(3)打开标尺制作参考线。

执行【视图】→【标尺】命令或按"Ctrl+R"组合键,打开标尺。

执行【视图】→【新建参考线】命令,按图示尺寸制作参考线,如图 1-41 所示。

提示:标尺能精确地确定图像或元素的位置。

将水平标尺向下拖移或将垂直标尺向右拖移,可以创建参考线,如图 1-42 所示。

图 1-39

图 1-40

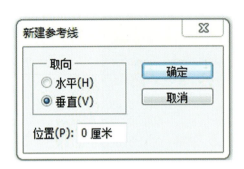

图 1-41　　　　　　　　　　　　　　　图 1-42

(4)建立规则选区并填充封面。

确认"封面"图层为当前图层,单击工具栏中的"矩形选框工具",参照参考线位置在视图内拖动鼠标,绘制一个矩形选区,单击工具栏中的"渐变工具",填充径向渐变,如图 1-43 所示。

(5)添加滤镜效果,增加封面质感。

执行【滤镜】→【杂色】→【添加杂色】命令,弹出"添加杂色"对话框,参数设置如图 1-44 所示。

图 1-43　　　　　　　　　　　　　　　图 1-44

(6)导入标志。

执行【文件】→【打开】命令,打开素材"标志.jpg",去掉背景色,单击工具栏中的"魔棒工具",选中标志图形,将标志填充白色,按住键盘中的"Ctrl+C"组合键,复制选中的标志,按住键盘中"Ctrl+V"组合键,将标志粘贴到三折页图形窗口中,如图 1-45 所示。

(7)调整标志大小和位置。

调整标志大小和位置,并将图层改为"标志"图层。单击工具栏中的文字工具,输入"安琪悦母婴护理会所",选择"黑体",将字号改为"22 点",填充白色,如图 1-46 所示。

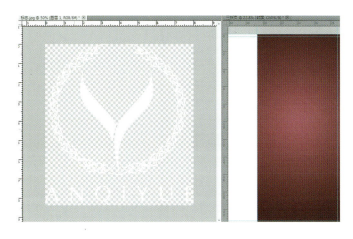
图 1-45

图 1-46

(8)建立规则选区并填充封底。

确认"封底"图层为当前图层,选择工具栏中的"矩形选框工具",参照参考线位置在视图内拖动鼠标,绘制一个矩形选区,填充径向渐变,并添加杂色效果,如图 1-47 所示。

(9)输入企业理念和联系方式。

单击工具栏中的文字工具,输入封底正文,选择合适的字体和大小,然后输入企业理念和联系方式,文字选用白色,将封底所有文本设置为居中对齐,如图 1-48 所示。

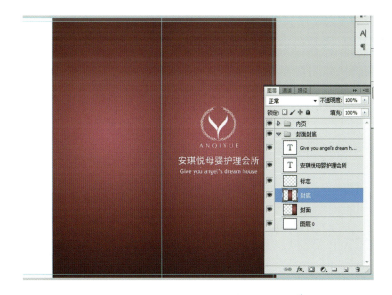
图 1-47

图 1-48

(10)制作内页。

确认"内页"图层为当前图层,单击工具栏中的"矩形选框工具",参照参考线位置在视图内拖动鼠标,绘制一个矩形选区,填充径向渐变,如图 1-49 所示。

(11)绘制标题底色。

单击工具栏中的"矩形选框工具",绘制矩形,并填入色块;单击工具栏中的文字工具,输入标题;字号为 12 点,字体为黑体,颜色为白色。标题制作完毕,如图 1-50 所示,而后输入正文。

图 1-49

图 1-50

(12)插入图片。

执行【文件】→【打开】命令,打开素材文件"大小手.jpg",去掉背景色,将大小手素材复制到三折页图形窗口中,调整大小和位置,使画面均衡,如图 1-51 所示。

(13)绘制小标题前的点缀。

单击工具栏中的"椭圆选框工具",按住"Shift"键绘制正圆,并填充径向渐变,如图 1-52 所示。

(14)输入文字,添加图片。

单击工具栏中的文字工具,输入小标题,字号为 11 点,字体为黑体,颜色为黄色。

单击工具栏中的文字工具,输入正文,字号为 10 点,字体为黑体,颜色为黑色。

执行【文件】→【置入】命令,添加素材文件"燕窝.jpg""海参.jpg",如图 1-53 所示。

(15)最终完成图(正、反面)如图 1-54 和图 1-55 所示。执行【文件】→【存储】,存储为 psd 格式。

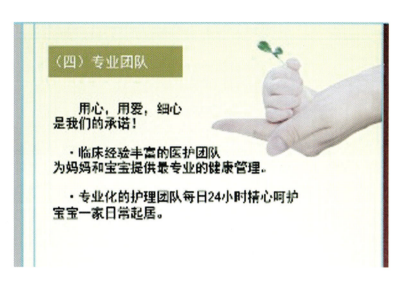

图 1-51

图 1-52

图 1-53

图 1-54

图 1-55

5. 知识点总结

1) 折页的常规尺寸

折页有两折页、三折页、四折页等,尺寸可根据客户具体要求来设定。为了节省纸张、避免浪费,可根据纸张的开本来定。如三折页,为避免浪费,尺寸常以标准 A4 纸张大小为准:三折页的实际尺寸应该是 210 毫米×285 毫米。

2)折页中出血线的设置

出血线不是画出来的,是拉辅助线而成的,四个方向各留 3 毫米做出血(按"Ctrl+R"组合键显示标尺,然后拉出辅助线)。Photoshop 图像中的辅助线属于只供显示的可视线,目的是方便作图。在图片里画辅助线,可在辅助线的位置上利用"单行选框工具"或"单列选框工具"(在"矩形选框工具"图标上单击鼠标右键即可选择)创建图层,填充颜色,线的宽度是 1 像素,然后打印出来。

3)滤镜中杂色的运用

"杂色"滤镜用于添加或移去杂色或带有随机分布色阶的像素,这有助于将选区混合到周围的像素中。"杂色"滤镜可创建与众不同的纹理或移去图像中有问题的区域,如灰尘和划痕。

"添加杂色"将随机像素应用于图像,模拟在高速胶片上拍照的效果。"添加杂色"滤镜也可用于减少羽化选区或渐进填充中的条纹,或使经过重大修饰的区域看起来更真实。杂色分布选项包括:"平均分布",使用随机数值(0 加上或减去指定值)分布杂色的颜色值以获得细微效果;"高斯分布",沿一条钟形曲线分布杂色的颜色值以获得斑点状的效果。"单色"选项将此滤镜只应用于图像中的色调元素,而不改变颜色。

4)图片的置入与智能对象

在 Photoshop 中置入图片,双击图片即能产生智能对象。

智能对象作为一种最重要的无损编辑技巧,并没有得到广泛的使用。智能对象也属于图层,但比图层更灵巧一些,不同于普通图层。智能对象的作用包括无损变换、无损滤镜、同步/链接功能。

6. 职业快餐

(1)门窗企业折页案例,如图 1-56 所示。

图 1-56

(2)学校宣传折页案例,如图1-57所示。

图1-57

Guanggao Sheji Xiangmu Shixun

项目二

装帧篇

将一定数量的文稿书画,经装饰美化(又称为装潢设计),将设计方案通过印制装订成册,这个过程称之为装帧。

"装"者,是束和饰的意思,束之以免错乱,饰之以为美观;"帧"者,即指单幅(页)书或画,又可作为量词。

现在所说的装帧,是明确用于图书的形态和结构的设计,广义地说,装帧包括一切需要印制成册的、以书刊形态出现的印刷品装潢。

广义的装帧设计是指整体设计与综合设计两个方面。

狭义的装帧设计一般是指开本、封面封底、护封、装订形式等外观形态结构的设计,更多的是指封面设计。

实训 1
CD 封面设计

光盘与传统媒介相比,其存储容量大、携带方便、价格便宜。光盘可以存储文字、图片、声音、视频影像等多媒体文件,成为当前最佳的宣传和营销工具之一。

1. 职业素质

1)CD 尺寸

目前市场上常见的光盘分为 3 寸盘和 5 寸盘。

(1)3 寸盘:

①外径 80 毫米,内圈圆孔 15 毫米。

②印刷尺寸:外径 78 毫米;内径 38 毫米,也有印刷到 20 毫米或 36 毫米的。

③凹槽圆环直径:33.6 毫米(不同的盘稍有差异,也有没凹槽的)。

(2)5 寸盘:

①外径 120 毫米,内圈圆孔 15 毫米。

②印刷尺寸:外径 118 毫米或 116 毫米;内径 38 毫米,也有印刷到 20 毫米或 36 毫米的。

③凹槽圆环直径:33.6 毫米(不同的盘稍有差异,也有没凹槽的)。

2)颜色与像素

颜色模式为 CMYK 颜色,分辨率为 300 像素/英寸,后期制作需要把文字转换成矢量图形。

2. 案例分析

本案例为抒情曲 CD 封套设计,我们选择了较为轻松的画面,放飞的蒲公英带我们的思绪随音乐飞扬,色彩的选用也是淡雅的,文字有大小、高低的变化,显得格外有韵律感,如图 2-1 所示。

3. 设计要求

(1)光盘装帧设计在信息的传达上必须是直接的,最好是唯一的、直观的。强调目光接触瞬间的吸引力。

(2)设计师需要在熟悉光盘特殊性的基础上,把握好平面造型设计的基本技巧——图案与色彩的应用。

(3)设计时不但要考虑整个光盘的总体美观、视觉效果,还要深入了解多媒体光盘的内容和定位。

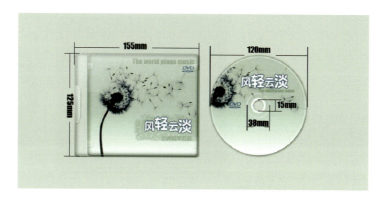

图 2-1

4. 设计过程

（1）新建文件，执行【文件】→【新建】命令或按"Ctrl+N"组合键，参照图 2-2 所示设置"新建"对话框，创建名为"CD 封套"的文档。尺寸为 30 厘米×15 厘米，分辨率为 300 像素/英寸，颜色模式为 CMYK 颜色。

（2）新建图层组和图层，单击"图层"面板底部的"创建新组"按钮，并从"图层"菜单或"图层"面板菜单中选取"组属性"，在弹出的对话框中将图层组命名为"CD 封套"，颜色设置为"红色"。按相同的方法创建"光盘"图层组。然后在图层组内新建图层，并一一双击图层缩览图，按图示为新图层命名，如图 2-3 所示。

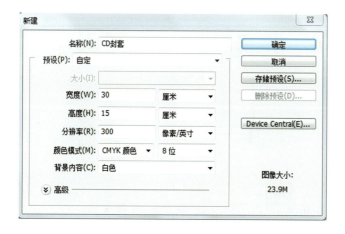

图 2-2

图 2-3

（3）打开图层组，绘制框架。在"光盘"组中新建"光盘形状"图层，单击工具栏中形状工具中的"椭圆工具"，在当前工具属性栏中单击"几何选项"，在弹出的面板中选择"固定大小"，如图 2-4 所示。单击鼠标在工作区域绘制正圆；单击"光盘形状"图层中的矢量蒙版缩览图，对矢量图形进行再次编辑，单击工具栏中的"椭圆工具"，按住键盘中的"Alt"相减键，绘制光盘同心圆。如果绘制的小圆不在大圆的中心位置，我们可以单击工具栏中的"路径选择工具"，同时选中大、小圆形，在当前属性栏中，设置 、 居中形式，同心圆制作完毕；单击工具栏中形状工具中的"圆角矩形工具"，在"CD 封套"组中新建"封套形状"，在当前属性栏中固定其大小，尺寸为：高 12.5 厘米，宽 14 厘米，半径 30 像素，如图 2-5 所示。

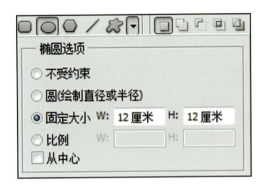

图 2-4

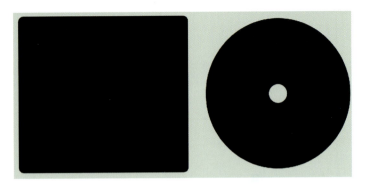

图 2-5

(4)执行【文件】→【置入】命令,置入素材"蒲公英",并调整其大小和位置。执行【图层】→【创建剪贴蒙版】命令,将图片贴入"封套形状"图层中,如图 2-6 所示。

①制作文字底色,单击工具栏中的形状工具▢绘制矩形,单击工具栏中的前景色,拾取图层中的近似色,选择该图层缩览图,按住键盘中的"Alt+Backspace"组合键快速对矩形更换颜色;单击工具栏中的"自定形状工具",选择其中的花瓣形状,用花瓣剪切原有的长方形,剪切时按住"Alt"键,方法同制作光盘同心圆一致,如图 2-7 所示。

图 2-6

图 2-7

②文字底色边缘生硬,单击矩形色块图层面板下端的按钮,为该图层添加图层蒙版,单击工具栏中的"画笔工具",设置前景色为黑色,在蒙版图层中擦去多余的边角,使矩形边缘淡化,如图 2-8 所示。

图 2-8

(5)单击工具栏中的文字工具输入文字"风轻云淡",调整字体大小:"风""云"为 36 号字,"轻""淡"为 48 号字。字体本身颜色为白色。对文字图层设置图层样式:选中外发光,混合模式设置为正常,不透明度设置为76%,杂色设置为0,颜色选取深青色,如图2-9和图2-10所示。

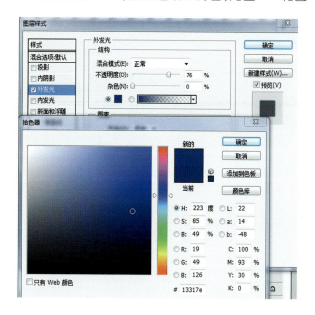

图2-9　　　　　　　　　　　　　　　　　图2-10

(6)单击工具栏中的文字工具在工作区域输入说明性文字,单击工具栏中的"移动工具"调整其大小和位置,效果如图2-11所示。

(7)单击工具栏中的形状工具制作"DVD VIDEO"图标,CD封套设计完成,如图2-12所示。

图2-11　　　　　　　　　　　　　　　　　图2-12

(8)制作"光盘"组,其中运用到剪贴蒙版、形状工具、文字工具等,方法与制作CD封套的方法相似,效果如图2-13所示。

(9)制作"DVD case"图层组,该图层组为CD封套的立体效果。单击形状工具中的"圆角矩形工具"绘制底框,在当前属性栏中固定其大小,尺寸为15厘米×12厘米,半径为30像素,如图2-14所示。

(10)单击工具栏中的圆角矩形工具,绘制出DVD case的外框,在当前属性栏中固定其大小,尺寸为15.5厘米×12.5厘米,半径为30像素。设置图层样式如图2-15所示,效果如图2-16所示。

图 2-13

图 2-14

图 2-15

图 2-16

(11)单击工具栏中的"圆角矩形工具",绘制出 DVD case 的内框,在当前属性栏中固定其大小,尺寸为 14 厘米×12.5 厘米,半径为 30 像素。设置图层样式如图 2-17 所示,效果如图 2-18 所示。

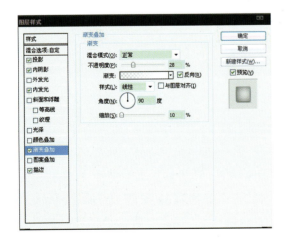

图 2-17

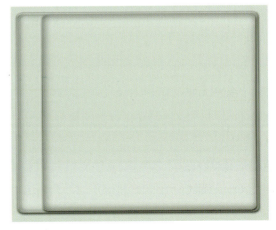

图 2-18

(12)单击工具栏中的"圆角矩形工具",绘制出 DVD case 的细节,对该图层设置图层样式如图 2-19 所示,效果如图 2-20 所示。

(13)新建图层,单击工具栏中的"椭圆选框工具",绘制出 CD 盒面上高光的选区,单击工具栏中的"油漆桶工具"进行白色填充,在该图层面板中调整不透明度为 20%,如图 2-21 所示。

(14)整个 CD 封套制作完毕,如图 2-22 所示。执行【文件】→【存储】命令,存储格式为 psd,便于修改与处理。

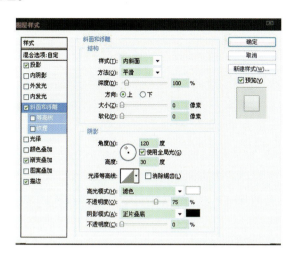

图 2-19

图 2-20

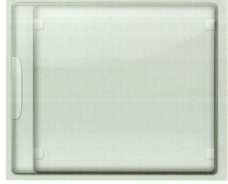

图 2-21

图 2-22

5. 知识点总结

1)形状工具

形状工具分为矩形工具、圆角矩形工具、椭圆工具、多边形工具、直线工具、自定形状工具。自定形状工具右边的黑色箭头的下拉选项中第一个选项是不受限制,表示可以任意地勾画形状;第二个选项是受限制,在矩形和圆角矩形选项下它的选项是矩形,在椭圆选项下它的选项是圆形,也就是说,它只能勾画标准的矩形和圆形;第三个选项是固定大小,是只能以用户输入的数值勾画形状;第四个选项是比例,所勾画的形状成一定的比例,可以调整大小,但比例不变;第五个选项是中心,每勾画一个形状时,起点就是形状的中心点,是从中心向外勾画形状的,和勾画选区时按住"Alt"键是一样的。形状工具有三个选项,和钢笔工具相同,前两种的用法也和钢笔工具一样,第三种填充图层是以用户勾画的形状直接填充颜色,而不保留路径,在属性栏上有一个模式选框,是根据不同的图层混合模式产生不同的颜色。

2）剪贴蒙版

创建剪贴蒙版有以下两种方法。

①执行菜单:【图层】→【创建剪贴蒙版】(Alt+Ctrl+G)。

②在图层缩略图右侧空白处右击,在弹出的菜单中单击"创建剪贴蒙版"。

剪贴蒙版的基本概念:在当前图层建立剪贴蒙版后,它和相邻的下一图层(称为基底图层)便形成剪贴组。可将建立了剪贴蒙版的图层称为关联图层。如果所建立的基底图层是一个透明图层,那么在这个透明图层上写字作图后,关联图层就会按照基底图层的文字和图形的轮廓被抠出来,基底图层就是关联图层的剪贴蒙版。

3）图层样式

图层样式是应用于一个图层或图层组的一种或多种效果。可以应用 Photoshop 提供的某一种预设样式,或者使用"图层样式"对话框来创建自定义样式。应用图层样式十分简单,可以为包括普通图层、文本图层和形状图层在内的任何种类的图层应用图层样式。

添加图层样式的方法有以下三种。

方法一:首先选中图层,然后单击图层面板下方的"样式"按钮,选择需要添加的样式。

方法二:在图层面板中双击图层缩览图,打开"图层样式"对话框,在"图层样式"对话框中通过勾选样式前的复选框来添加或者清除样式。

方法三:如果要重复使用一个已经设置好的样式,可以在图层面板中拖动这个样式的图标并将其释放到其他的图层上。

4）图层组管理

图层组的工作原理就是将多个图层归为一个组,这个组可以在不需要操作时折叠起来,无论组中有多少图层,折叠后只占用相当于一个图层的空间。

创建新组的菜单命令是【图层】→【新建】→【图层组】,也可以使用图层面板的圆三角按钮。不过最常用的方法是单击图层面板下方的按钮,建立一个空组。

6. 职业快餐

(1)个性 CD 封套设计案例,如图 2-23 所示。

(2)休闲娱乐 CD 封套设计案例,如图 2-24 所示。

图 2-23　　　　　　　　　　图 2-24

实训 2
杂志封面设计

每本杂志都有其独到的地方,而封面必须涵盖杂志的整体特征,以直观形象和特定内容区别于别的杂志。设计封面时,首先要对杂志中的内容、思想、特点有所理解,考虑怎样配合杂志的整体风格,并通过形象的表现来体现杂志的内容和主题,能给读者以艺术享受,并使读者产生阅读的兴趣。

1. 职业素质

(1)杂志排版字号不要超过 10 号。利用字号来填充空白实在不是明智之举。

(2)注意字体不要过多。高端杂志在字体上要有品位。一定要注意英文字体与中文字体之间的搭配。中英文字体一定要保持一致的风格,粗宋体的英文与中等线的中文无法组合,视觉上非常累,给人的感觉就像是很多人设计的一个版面。

(3)注意字体不要乱用效果,要修饰也要有所选择。可以只用一个描边。最好不要随便给字体加粗,会显得非常粗糙。

(4)文字部分多的,可以先分栏。分栏会让人很轻松地看完整篇文章。其次,注意行距、字间距不要过于拥挤。

(5)图片要保持原有的形状,切记不可把有静物的图片随意拉伸缩放,否则物体变形了会非常难看。

2. 案例分析

在经济发展迅猛的今天,汽车走进了千家万户。对不同品牌的需求与选择,人们会借助第三方来参考,这就促使了汽车画报、汽车杂志、汽车论坛的发展。此案例为汽车杂志封面,富有速度感的画面和时尚的 MINI 极具视觉冲击力,夸张变形的汽车画报更能体现杂志的创新力,如图 2-25 所示。

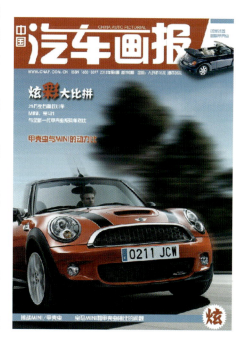

图 2-25

3. 设计要求

(1)封面图片是封面主打的视觉元素和阅读动力。封面设计必须与众不同,技术上可以通过有创意的颜色、标题来实现,一定要打破常规思路。

(2)封面应该包括图片、文字、日期、价格等信息性要素。

(3)杂志封面设计应确定自己的视觉形象。

4. 设计过程

(1)新建文件,执行【文件】→【新建】命令或按"Ctrl+N"组合键,参照图 2-26 所示设置"新建"对话框,创建名为"杂志封面"的文档。尺寸为 216 毫米×291 毫米(含 3 毫米出血),分辨率为 300 像素/英寸,颜色模式为 CMYK 颜色。

(2)设置参考线,执行【视图】→【新建参考线】命令,水平方向设置 0、0.3、28.8、29.1 四条参考线,垂直方向设置 0、0.3、21.3、21.6 四条参考线。参考线内为正文,参考线外为出血,如图 2-27 所示。

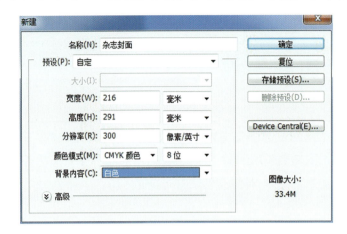

图 2-26　　　　　　　　　　　　　　　　图 2-27

（3）执行【文件】→【打开】命令,打开素材库中的"MINI"图片,单击工具栏中的"矩形选框工具"框选出杂志需要部分,复制到"杂志封面"图形窗口中,印刷时需要图片版面越过出血线,如图 2-28 所示。

（4）将图片营造成富有速度感的画面,单击工具栏中的"磁性套索工具" ,选出汽车以外的风景,执行【滤镜】→【模糊】→【动感模糊】命令,如图 2-29 所示。

图 2-28　　　　　　　　　　　　　　　　图 2-29

（5）绘制杂志眉头,单击工具栏中的"钢笔工具",绘制简单的不规则矩形路径,如图 2-30 所示,执行【窗口】→【路径】,在弹出的路径面板中,单击下端的 将路径作为选区载入,并填充红色,如图 2-31 所示。

图 2-30　　　　　　　　　　　　　　　　图 2-31

(6)绘制杂志标题,单击工具栏中的文字工具,输入"汽车画报",字体选用"迷你简汉真广标",如图2-32所示。

(7)选择文字图层,单击鼠标右键,在弹出的对话框中,选择"转换为形状",单击工具栏中的"直接选择工具"将文字形状变形,变形效果如图2-33所示。

图 2-32　　　　　　　　　　　　　　　　　图 2-33

(8)单击工具栏中的文字工具,输入辅助文字,并调整其大小和位置,效果如图2-34所示。

(9)单击工具栏中的文字工具,输入杂志内各标题,运用图层面板中的添加图层样式给各标题制作简单的文字效果,如图2-35所示。

 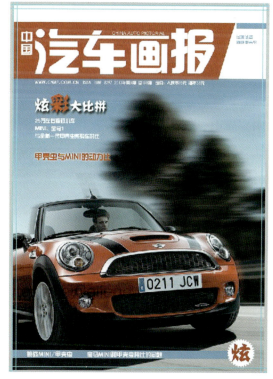

图 2-34　　　　　　　　　　　　　　　　　图 2-35

(10)执行【文件】→【打开】命令,打开素材库中的甲壳虫图片,单击工具栏中的"磁性套索工具",选出甲壳虫车外形并复制到"杂志封面"图形窗口中,为了更好地融入环境,新建投影图层,并将该图层放置在甲壳虫轿车图层之下。单击工具栏中的"画笔工具"为甲壳虫轿车绘制投影,并降低投影的不透明度,效果如图2-36所示。

(11)汽车画报的封面制作完毕,如图2-37所示。执行【文件】→【存储】命令,将格式设置为psd,便于下次修改与处理。

图 2-36

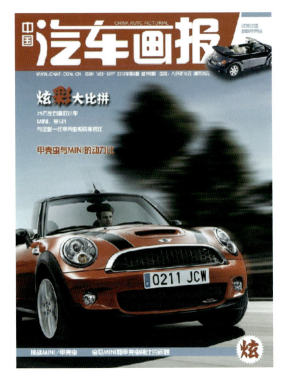

图 2-37

5. 知识点总结

1)出血线的设置

出血是一个常用的印刷术语,印刷中的出血是指加大产品外尺寸,使图案延伸至裁切位,以避免裁切后的成品露白边或裁到内容。在制作的时候我们就分为设计尺寸和成品尺寸,设计尺寸总是比成品尺寸大,大出来的边是要在印刷后裁切掉的,这个要印出来并裁切掉的部分就称为出血或出血位。

平面设计出出血就是纸张四周凡有颜色的地方都要向外扩大3毫米。以大16开为例,成品尺寸为210毫米×285毫米,制作稿就要做成216毫米×291毫米,如果刚好做成成品大小,裁切时就可能出现白边。

因此在制作时就要求出血,印刷厂在切成品时钢刀会自动向内收3毫米。为防止出现白边,图像大小做成216毫米×291毫米合适。

2)滤镜的使用

Photoshop的滤镜效果非常强大,可以得到各种想要的效果,也可以产生意想不到的效果。本节中运用滤镜中的动感模糊产生运动的效果,这是非常简单常用的一种手法。如果对现有的滤镜效果不满意,也可以上网下载各种新颖的滤镜效果安装到计算机上。

3)路径转换成选区

路径相当于矢量图形,选区相当于位图,将矢量转换成位图在Photoshop中很容易做到。运用钢笔工具可以很准确地得到我们想要的图形,比套索编辑更容易。通过执行【窗口】→【路径】命令,将现有路径转换成选区,可填充色彩、渐变色彩、图案等。

4)文字转换成形状

Photoshop在文字效果处理上可以千变万化。对文字笔画的再编辑,需要将文字转换成形状再进行编辑。编辑时需要运用工具栏中的路径选择工具和转换点工具进行节点选择编辑。

6. 职业快餐

(1)新社区新生活杂志封面设计案例,如图 2-38 所示。

(2)创意世界杂志封面设计案例,如图 2-39 所示。

图 2-38

图 2-39

实训 3
书籍、宣传册封面设计

封面设计在一本书的整体设计中具有举足轻重的地位。图书与读者打交道的第一个回合就是封面。封面是一本书的"脸面",是一位不说话的"推销员"。好的封面设计不仅能招徕读者,使其一见钟情,而且耐人寻味,使人爱不释手。封面设计对书籍的社会形象有着非常重大的意义。

1. 职业素质

(1)封面设计一般包括书名、编著者名、出版社名等文字,以及体现书的内容、性质、体裁的装饰形象、色彩和构图。

(2)大型本:12 开以上的开本,适用于图表较多、篇幅较大的大部头著作或期刊印刷。中型本:16 开至 32 开的所有开本,这属于一般开本,适用范围较广,各类书籍均可应用。小型本:适用于手册、工具书、通俗读物或短篇文献,如 46 开、60 开、50 开、40 开等。

(3)颜色模式设置为 CMYK 颜色,黑色文字最好选用单色黑,避免套版误差。

2. 案例分析

《动物世界大百科》(见图 2-40)由人民出版社出版,此书为科普读物。封面封底为绿色,有回归大自然的感觉;封面上选用了变色龙、豹子等元素,使该图书更吸引眼球;书名选用了宽大的字体并将字体做了一些变化,在书架上会显得尤为突出。

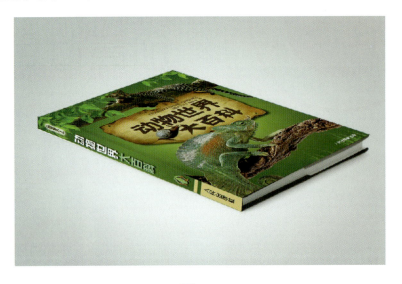

图 2-40

3. 设计要求

(1)封面设计能反映书籍主题内容,繁而不乱,主次分明。

(2)色彩鲜明,能反映儿童心理。

(3)图形简洁,选择有代表性的动物图片放置于封面上。

4. 设计过程

(1)新建文件,执行【文件】→【新建】命令或按"Ctrl+N"组合键,参照图 2-41 所示设置"新建"对话框,创建名为"书籍封面"的文档。尺寸为 36.6 厘米×24.6 厘米(含 3 厘米出血),分辨率为 300 像素/英寸,颜色模式为 CMYK 颜色。

(2)设置参考线,执行【视图】→【新建参考线】命令,水平方向设置 0、0.3、24.3、24.6 四条参考线,垂直方向设置 0、0.3、17.3、19.3、36.3、36.6 六条参考线。参考线内为正文,参考线外为出血,如图 2-42 所示。

图 2-41

图 2-42

（3）新建图层组和图层，单击"图层"面板底部的"创建新组"按钮，并从"图层"菜单或"图层"面板菜单中选取"组属性"，在弹出的组属性对话框中将图层组命名为"封面"，颜色设置为"红色"。按相同的方法创建"封底""书脊"图层组，如图2-43所示。

（4）书籍封面基调为绿色，选择背景图层，将前景色色彩调为C:87 M:52 Y:100 K:20。按住键盘上的"Alt＋Backspace"组合键，将背景填充为深绿色。新建图层，单击工具栏中的"画笔工具"，在当前属性栏中将画笔大小调为800像素，硬度调为0，模式为正常，不透明度为100%，流量为100%。将封面和封底画上黄色C:30 M:10 Y:80 K:0，效果如图2-44所示。

（5）执行【文件】→【打开】命令，打开书籍素材中的"变色龙"文件，将变色龙从白色背景中抠出并复制到"书籍封面"图形窗口中的封面图层组，调整变色龙在封面上的大小和位置（按组合键"Ctrl＋T"变换大小时按住"Shift"键进行等比例缩放，以免图像变形），如图2-45所示。

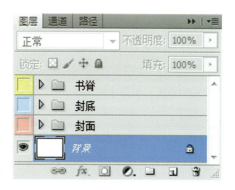

图 2-43

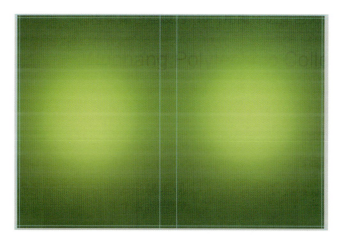

图 2-44

图 2-45

（6）方法同前，将"牛皮纸"放置于封面图层组，为了制造立体效果，对牛皮纸图层添加图层样式 投影，如图2-46所示。

(7)单击工具栏中的文字工具,输入书名"动物世界大百科",选用"文鼎特粗圆简"和"迷你简剪纸"两种字体,调整字号大小,效果如图 2-47 所示。

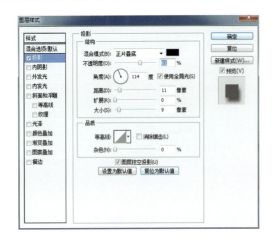

图 2-46

图 2-47

(8)方法同前,输入主编、出版社等信息,选择合适的字体和大小,效果如图 2-48 所示。

(9)为增加画面趣味性,在书名旁放置一个小的动物图片。执行【文件】→【打开】命令,打开书籍素材中的"蜗牛"文件,将蜗牛从背景中抠出并复制到"书籍封面"文件的封面图层组中,调整大小和位置,并对该图层添加图层样式投影,让蜗牛在牛皮纸上留下投影,效果如图 2-49 所示。

图 2-48　　　　　　　　　　　图 2-49

(10)执行【文件】→【打开】命令,打开书籍素材中的"猎豹"文件,将猎豹从背景中抠出并复制到"书籍封面"文件的封面图层组中,调整猎豹在封面中的大小并将猎豹放在封面顶端位置,如图 2-50 所示。

(11)调整猎豹与牛皮纸的图层顺序:牛皮纸在上。给牛皮纸图层添加蒙版,将遮挡猎豹左侧双腿的区域抹掉。方法:将前景色设为黑色,用"画笔工具"在蒙版图层上,将遮挡处画上黑色,立马出现猎豹双腿,可根据猎豹腿的大小来调整画笔的大小,如果蒙版上画错了,可用白色将牛皮纸还原。效果如图 2-51 所示。

(12)单击工具栏中的"仿制图章工具",将猎豹图层中的树干向左边延伸。方法:选择猎豹图层,按住键盘中的"Alt"键吸取树干,松开"Alt"键,在工作区域单击鼠标,可以复制刚刚吸取的树干,为保证树干逼真,可多次吸取。效果如图 2-52 所示。

(13)制作封面上方的树叶和下方的草丛。分别执行【文件】→【打开】命令,打开书籍素材中的"草丛"和"树叶"文件,将草丛和树叶从背景中抠出并复制到"书籍封面"文件封面图层组中,调整大小、位置、图层顺序,效果如图 2-53 所示。

图 2-50　　　　　　　　　　　　　图 2-51

图 2-52　　　　　　　　　　　　　图 2-53

(14) 制作封底。方法同上,将树叶复制到封底左上角,与封面呼应,如图 2-54 所示。

(15) 在封底组新建图层,单击工具栏中的"矩形选框工具",绘制矩形,并用"Alt＋Backspace"组合键填充前景色 C:10 M:20 Y:50 K:0;在原有的矩形上做一些删减,使得矩形具有趣味性。方法有多种,还可以使用多边形套索、钢笔、选框等工具。效果如图 2-55 所示。

图 2-54　　　　　　　　　　　　　图 2-55

(16) 执行【文件】→【打开】命令,打开书籍素材中的"树蛙"文件,将树蛙从背景中抠出并复制到"书籍封面"文件封底图层组中,调整树蛙的大小并将树蛙放置在矩形左上角,给树蛙图层添加图层样式投影,如图 2-56 所示。

(17)单击工具栏中的文字工具,输入书名、主编、出版社、定价等信息,调整字体、大小、位置,效果如图 2-57 所示。

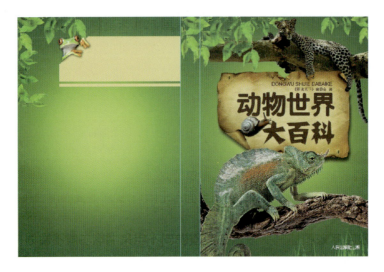

图 2-56

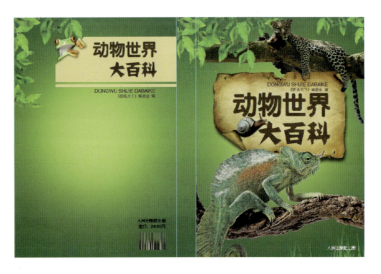

图 2-57

(18)绘制书脊。执行【文件】→【打开】命令,打开书籍素材中的"蛙"文件,将蛙从背景中抠出并复制到"书籍封面"文件书脊图层组中,调整蛙的大小和位置,给蛙图层添加图层样式投影。单击工具栏中的"矩形工具"绘制两个矩形,填充色 C:10 M:20 Y:50 K:0,如图 2-58 所示。

(19)单击工具栏中的"直排文字工具",输入"《图说天下》""动物世界大百科""人民出版社"。调整字体、大小、位置,对"《图说天下》"添加图层样式外发光,内容选择白色;"动物世界大百科"添加图层样式投影,内容选择黑色。设计稿完成,保存为 psd 格式。效果如图 2-59 所示。

5. 知识点总结

1)书籍结构与版式

一本书通常由封面、扉页、版权页(包括内容提要及版权信息)、前言、目录、正文、附录、参考文献、后记等部分构成。在做书籍封面设计时,我们需要考虑封面、封底、书脊的设计;在做企业宣传册时,如果内容不多,无须考虑书脊的设计。

2)图层样式

图层样式在 Photoshop 的功能体系中占据着非常重要的地位。因为使用图层样式能够快速实现用户所需要的效果。要想实现一种样式效果的转变,在操作方面用户只需要单击一下样式面板中的预定义样式,就能够快速得到该种效果。可以看出,使用图层样式能够大幅度提高设计者的操作效率。

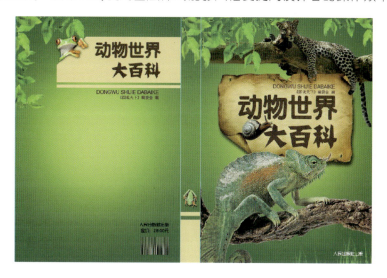

图 2-58

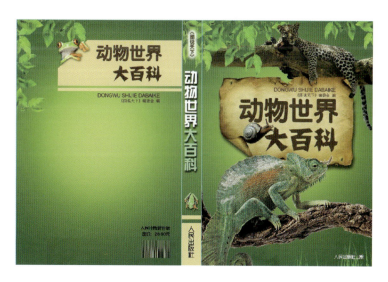

图 2-59

3)图层蒙版

图层蒙版可以理解为在当前图层上面覆盖一层玻璃片,这种玻璃片有透明的、半透明的和完全不透明的。然后用各种绘图工具在蒙版上(即玻璃片上)涂色(只能涂黑、白、灰色),涂黑色的地方蒙版变为不透明,看不见当前图层的图像;涂白色则使涂色部分变为透明,可看到当前图层上的图像;涂灰色使蒙版变为半透明,透明的程度由涂色的灰度深浅决定。

4)仿制图章

仿制图章工具相当于复印机,就是将图像中一个地方的像素原样搬到另外一个地方,使两个地方的内容一致。既然是一个复印机,那就先要有原件,才谈得上复印。因此,使用仿制图章工具的时候要先定义采样点,也就是指定"原件"的位置。

主直径,即笔触的大小,用于调整复制区域的大小,使用的快捷键是"["和"]"。

硬度:指羽化程度,当硬度为100%的时候,边缘是清晰的,没有虚化;当硬度为0的时候,边缘最柔。快捷键为"Shift+["或"Shift+]"。

透明度:下一图层颜色的透过量。

流量:对复制区域图像的提取量。

工具变化:在选取复制起始点,按下"Alt"键时,变为靶状;在进行复制拖动时,在被复制处出现十字标。

6. 职业快餐

(1)旅游宣传册封面设计案例,如图2-60所示。

(2)儿童图书封面设计案例,如图2-61所示。

图 2-60

图 2-61

Guanggao Sheji Xiangmu Shixun

项目三
包装篇

包装是指为了在流通过程中保护产品、方便储运、促进销售，按一定技术方法而采用的容器、材料及辅助物等的总体名称，也指为了达到上述目的而采用容器、材料和辅助物的过程中施加一定技术方法等的操作活动。

以包装功能和作用为其核心内容，包装一般有两重含义：

①关于盛装商品的容器、材料及辅助物品，即包装物；

②关于实施盛装和封缄、包扎等的技术活动。

包装要素有包装对象、材料、造型、结构、防护技术、视觉传达等。

一般来说，商品包装应该包括商标或品牌、形状、颜色、图案和材料等要素。

1. 商标或品牌

商标或品牌是包装中最主要的构成要素，应在包装整体上占据突出的位置。

2. 包装形状

适宜的包装形状有利于储运和陈列，也有利于产品销售，因此，形状是包装中不可缺少的构成要素。

3. 包装颜色

颜色是包装中最具刺激销售作用的构成元素。突出商品特性的色调组合，不仅能够加强品牌特征，而且对顾客也有强烈的感召力。

4. 包装图案

图案在包装中如同广告中的画面，其重要性、不可或缺性不言而喻。

5. 包装材料

包装材料的选择不仅影响包装成本，而且影响商品的市场竞争力。

6. 产品标签

在标签上一般印有包装内容和产品所包含的主要成分，以及品牌标志、产品质量等级、产品厂家、生产日期和有效期、使用方法等。

实训 1 食品包装设计

食品包装作为呈现给消费者最直观的形象，直接地影响到食品本身的销售情况。随着时代的发展，新材料、新技术如雨后春笋般涌出，沿着一条可持续发展的道路，食品的包装自然也应该向着现代化迈进。

一是具有审美特性。

食品包装有着自己的独有特性，应根据食品的特点来更艺术化地展现，需要设计者通过抽象的手法，使产品包装更具艺术性，给人们留有想象的空间。

二是具有合理性。

包装画面可以适当夸张，但不可随意夸大。现代的食品包装设计越来越多地采用艺术效果表现产品特点，如用计算机绘出产品，这种方法能弥补拍照的不足，可以和配料、原料等随意组合，使人们更直观地认识产品、信任产品。

三是具有独特性。

市场上的食品包装琳琅满目,要想使自己的食品从众多同类商品中脱颖而出,就需要创新,标新立异。

四是具有针对性。

由于有些食品专门针对某一范围内的消费群体,在包装的表现上需要突出显示。如中老年食品,包装形式比较传统,色彩也会采用深沉稳重的颜色;儿童食品则要求包装活泼可爱,色彩鲜艳;针对某一区域的产品,可以在包装上表现出地方特色,如用方言、文化传统等。

1. 职业素质

食品包装必须标示的内容有食品名称、配料清单、净含量和沥干物(固形物)含量、制造者的名称和地址、生产日期(或包装日期)和保质期、产品标准号等。

(1)不允许企业在标签上利用产品名称混淆食品的真实属性。

(2)标签上必须标示的文字和数字的高度不得小于1.8毫米;净含量与食品名称必须标注在包装物或包装容器的同一展示面,便于消费者识别和阅读。

(3)产品中添加的甜味剂、防腐剂、着色剂必须标示具体名称。

(4)特殊膳食用食品(如婴幼儿食品、糖尿病人食品)必须标示营养成分,即营养标签。

(5)标签上的生产日期和保质期不得另外加贴、补贴和篡改。

2. 案例分析

本案例为富程优家粗粮素食食品包装设计,食品包装与产品特色结合,以紫色为主,突出紫薯的特性;产品的其他信息在包装上得到大小不同的展现,让包装在视觉流程上显得主次分明,如图3-1所示。

图 3-1

3. 设计要求

(1)提示性要求:包装反映食品的特征、性能、形象,是食品外在形象化的表现形式与手段。

(2)安全性要求:包括卫生安全、搬运安全和食用安全等方面。

(3)便利性要求:消费者在购买时提取和携带便利;开启和食用过程也较便利。

(4)促销性要求:食品包装是食品促销的最佳手段之一,包括必要的信息促销、形象促销、色彩促销、结构促销等。

4. 设计过程

(1)新建文件,执行【文件】→【新建】命令或按"Ctrl+N"组合键,参照图3-2所示设置"新建"对话框,创建名为"食品包装"的文档。尺寸为23厘米×10厘米,分辨率为300像素/英寸,颜色模式为CMYK颜色。

(2)背景图层填充灰色,单击工具栏中的前景色,将拾色器的数值调整为C:0 M:0 Y:0 K:50,并按"Alt+Backspace"键给背景图层填充设置好的前景色,如图3-3所示。

(3)设置食品包装尺寸,单击工具栏中的"矩形工具"绘制20厘米×6厘米的矩形,填充白色,如图3-4和图3-5所示。此矩形为形状图层,在此矩形中绘制产品信息。

图 3-2

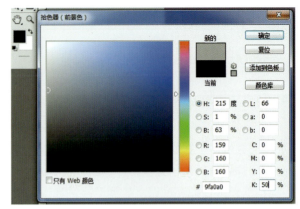

图 3-3

图 3-4

图 3-5

(4)新建图层,绘制线条做底纹,设置前景色为 C:0 M:30 Y:80 K:0 的中黄,单击工具栏中的"铅笔工具",按住键盘中的"Shift"键绘制直线,铅笔分辨率为 3 像素/英寸,如图 3-6 所示。

(5)单击键盘中的"Alt"键,将绘制好的直线复制若干个。单击"Shift"键在图层中将所有直线图层选中,在属性栏单击 让直线等距离分布,将所有直线图层选中,单击鼠标右键,选择"合并图层",合成一个底纹图层,调整底纹透明度,如图 3-7 所示。

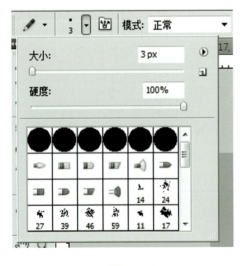

图 3-6

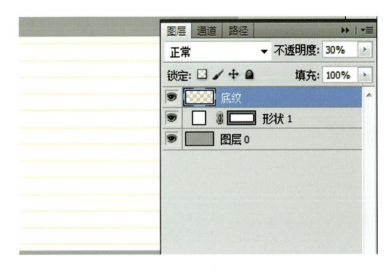

图 3-7

(6)执行【文件】→【打开】命令,打开素材中的"紫薯"文件,选中紫薯区域复制到"食品包装"中,放置于矩形的右下角,如图 3-8 所示。

(7)选中紫薯图层,执行【编辑】→【变换】→【缩放】命令,调整紫薯大小,并将紫薯多余部分切除,执行【图层】→【创建剪贴蒙版】命令可将紫薯放置在矩形框中,如图3-9所示。

图3-8　　　　　　　　　　　　　　　　　　　图3-9

(8)新建图层,单击工具栏中的"钢笔工具",绘制包装左边的图形,并将路径转换成选区,填充径向渐变,效果如图3-10所示。

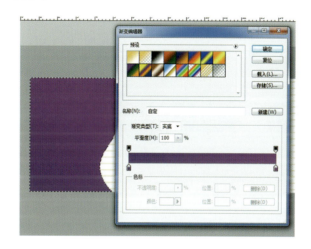

图3-10

(9)新建图层,运用"钢笔工具"绘制包装左边的飘带,方法同上,填充不同明度的黄色,如图3-11所示。

(10)单击工具栏中的"圆角矩形工具"绘制主标题底框,单击该图层中的矢量蒙版缩览图,单击工具栏中的"椭圆工具",按住键盘中的"Shift"键将两个形状相加,效果如图3-12所示。

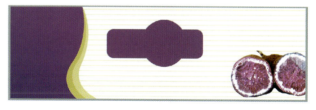

图3-11　　　　　　　　　　　　　　　　　　　图3-12

(11)按住键盘中的"Alt"键,拖动主标题底框即可复制该对象,执行【编辑】→【变换】→【缩放】命令,将底框拉大,填充白色,执行【图层】→【图层样式】→【描边】命令,如图3-13所示。

(12)单击工具栏中的文字工具,输入产品名中的"粗粮食",统一大小和字体,执行【图层】→【图层样式】→【外发光】命令,外发光颜色为黄色,分辨率为13像素,如图3-14所示。

(13)单击工具栏中的文字工具,输入产品名中的"素",选择合适的字体和大小,执行【图层】→【图层样式】→【描边】命令,描边颜色为金色,分辨率为18像素,如图3-15所示。

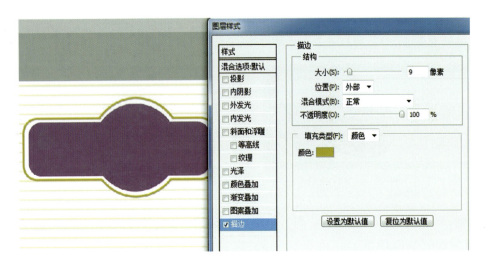

图 3-13

图 3-14

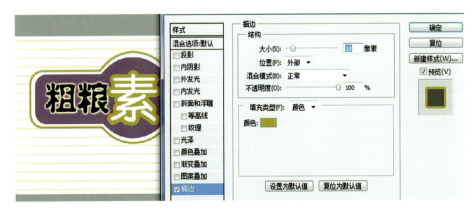

图 3-15

(14)按住键盘中的"Alt"键,拖动"素"字即可复制该文字,执行【图层】→【图层样式】→【描边】命令,描边颜色为紫色,分辨率为 8 像素,如图 3-16 所示。

(15)执行【文件】→【打开】命令,打开素材中的"标志"文件,选中标志区域复制到"食品包装"工作区域中,放置于矩形的左上角,如图 3-17 所示。

(16)新建图层,绘制三个圆形,分别填充浅紫色到深紫色的径向渐变,并输入文字"紫""薯""面",如图 3-18 所示。

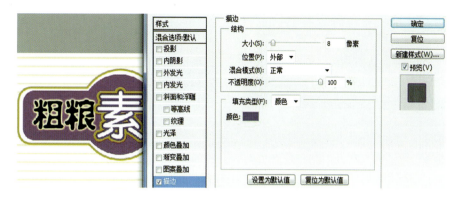

图 3-16

图 3-17

图 3-18

（17）单击工具栏中的文字工具，输入说明性文字和广告语，摆放在合适的位置，如图 3-19 所示。

图 3-19

（18）保存 psd 格式源文件，并另存为 .jpg 图片一张，以制作后期的立体效果图。打开 .jpg 图片，使用"多边形套索工具"，勾选出食品包装中间的外形，如图 3-20 所示。

（19）单击工具栏中的"套索工具"，将图片裁成立体状，制作投影，如图 3-21 所示。

图 3-20

图 3-21

（20）制作包装袋的阴影部分，可用工具栏中的加深、渐变、画笔等工具，并改变阴影的不透明度，如图 3-22 所示。

（21）单击工具栏中的"钢笔工具"，制作出锯齿边，将路径作为选区载入，修剪原图片，形成锯齿边，效果图完成，如图 3-23 所示。

图 3-22

图 3-23

5. 知识点总结

1）图层等距离分布

选择所要对齐或等距离分布的图层,属性栏中会弹出 选项,可根据需求选择居中、左、右对齐,也可以选择等距离分布。

2）剪贴蒙版

在当前图层建立剪贴蒙版后,它和相邻的下一图层(称为基底图层)便形成剪贴组。建立了剪贴蒙版的图层称为关联图层。如果所建立的基底图层是一个透明图层,那么在这个透明图层上写字作图后,关联图层就会按照基底图层的文字和图形的轮廓被抠出来。基底图层就是关联图层的剪贴蒙版。

创建剪贴蒙版的三种方法。

①执行命令:【图层】→【创建剪贴蒙版】(Alt+Ctrl+G)。

②在图层缩略图右侧空白处右击,在弹出的菜单中单击"创建剪贴蒙版"。

③先按住键盘中的"Alt"键,在图层面板中在需要制作剪贴蒙版的两个图层的中间单击,便能快速建立剪贴蒙版。

3）矩形工具的加减

Photoshop 的快捷键中 Shift 是相加,Alt 是相减,在矩形工具那一栏中也是如此。在相加、相减中,如果要修改,需要使用工具栏中的路径选择工具来调整。

4）立体效果的绘制

立体效果的绘制一直是 Photoshop 的强项,可选择的工具多种多样,如工具栏中的画笔、渐变、加深工具均可,也可以综合使用。

6. 职业快餐

(1) 香辣豆瓣包装设计案例,如图 3-24 所示。

(2) 休闲食品包装设计案例,如图 3-25 所示。

图 3-24

图 3-25

实训 2
饮品包装设计

在中国古代，人们用竹筒等容器盛水，要是出远门，就用袋囊储备水。后来，随着社会的进步，商品经济的发展，出现了形形色色的储水用品，进而在各种大小商店，出现了各种各样的饮料，这是顺应历史潮流发展的，也是人类社会进步的见证，饮料包装也便随之发展起来了。

随着国民经济的发展和人民生活水平的日益提高，我国饮料工业发展迅猛，特别是饮料的品种，已经由20世纪70年代以前单一的玻璃瓶装汽水，发展到今天碳酸饮料、天然饮料百花争艳的局面。饮料包装业也随之出现多元化趋势，打破了过去单一的玻璃容器垄断市场的格局，金属、塑料、纸等材质相继应用在饮料包装上，金属易拉罐、PET瓶、PP瓶、利乐包、康美包、屋顶包、黑白膜等包装陆续出现。

1. 职业素质

(1)饮品包装需要针对实际容器来定设计尺寸，需要了解行业材料与材料的运用。

(2)饮品包装设计颜色模式为CMYK颜色，以便于上四色机印刷。

(3)使用除纸质以外的其他材质做包装，要考虑是否能做丝网印刷。

2. 案例分析

本案例为果味牛奶包装设计，整个包装采用深浅不同的蓝色与蓝莓呼应，并呈现了蓝莓和牛奶的元素。品名采用比较活泼的字体并添加了描边与投影的效果，使品名在包装上尤为突出，如图3-26所示。

图 3-26

3. 设计要求

(1)包装能全方位展现产品的定位，快速传递产品信息，使消费者在货架上迅速锁定目标。

(2)包装上信息明朗，符合阅读的视觉流程，不能太过花哨。

(3)品名突出，画面活泼灵动。

4. 设计过程

(1) 新建文件,执行【文件】→【新建】命令或按"Ctrl+N"组合键,参照图3-27所示设置"新建"对话框,创建名为"饮品包装"的文档。尺寸为26厘米×20厘米,分辨率为300像素/英寸,颜色模式为CMYK颜色。

(2) 设置参考线,执行【视图】→【新建参考线】命令,水平方向设置1、1.5、3.5、16.5、18.5、19六条参考线;垂直方向设置2.5、3、6、10、16、20、23、23.5八条参考线,沿参考线外围绘制出饮品包装的外轮廓,如图3-28所示。

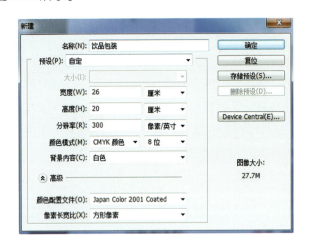
图 3-27

图 3-28

(3) 单击图层面板中的背景图层并填充深灰色,在图层面板中新建"展开尺寸"图层,单击工具栏中的"矩形选框工具",沿出血线绘制矩形并填充白色,如图3-29所示。

(4) 在图层面板中新建图层"蓝条",单击工具栏中的"矩形选框工具",绘制包装盒上的蓝色色块,按住"Alt"键,画矩形选区减去蓝色色块中的多余部位。将选区填充C:76 M:33 Y:0 K:0,如图3-30所示。

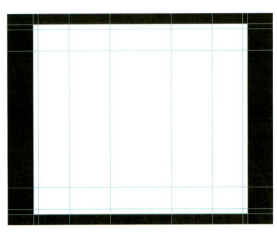
图 3-29

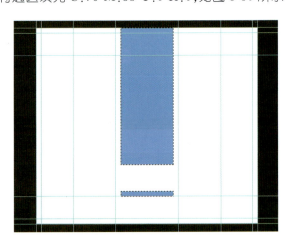
图 3-30

(5) 在蓝色色块上端进行图案填充:单击工具栏中"矩形选框工具",框选上部分蓝色区域,选中蓝条图层,单击图层对话框下排中的"创建新的填充或调整图层",用色带营造视觉肌理效果,将图层透明度设置为50%,如图3-31所示。

(6) 绘制包装展开图两侧的色块,方法与绘制正面色块相同,填入C:79 M:38 Y:18 K:0,如图3-32所示。注:选区相加按住"Shift"键,相减按住"Alt"键。

包装篇 | 项目三

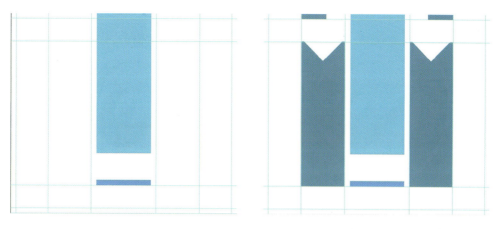

图 3-31　　　　　　　　　　　　图 3-32

（7）包装正面放入奶花图片。执行【文件】→【打开】命令，打开素材中的"奶花"图片，抠出奶花部分，方法有多种，在此介绍适合这张图的方法。

①执行【窗口】→【通道】命令将该文件的通道打开，显示色彩对比强烈的蓝色通道，如图 3-33 所示。

②单击工具栏中的"魔棒工具"，将魔棒容差设为"10"，用魔棒选择色调统一的底色，执行【选择】→【反向】命令将奶花快速选中，如图 3-34 所示。

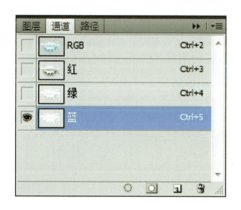

图 3-33　　　　　　　　　　　　图 3-34

③将所有通道打开，回到图层面板，将选中的奶花直接拖拉复制到"饮品包装"图形窗口中，如图 3-35 所示。

（8）执行【文件】→【打开】命令，打开素材中的"蓝莓"图片，将蓝莓从白色背景中抠出并复制到"饮品包装"图形窗口中，并对该图层添加图层蒙版，用黑色的画笔擦去多余的蓝莓部分，效果如图 3-36 所示。

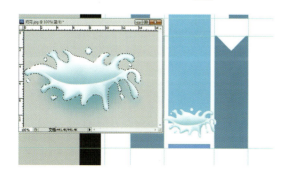 

图 3-35　　　　　　　　　　　　图 3-36

(9) 制作品名:新建"品名"图层组,在此组中新建图层"底色",单击工具栏中的"矩形选框工具" ,绘制一块 C:48 M:30 Y:19 K:0 矩形;新建图层"线框",单击工具栏中的"铅笔工具" ,绘制大小为 26 像素的黑色线框,如图 3-37 和图 3-38 所示。

图 3-37　　　　　　　　图 3-38

(10) 在品名图层组中,单击工具栏中的文字工具,输入饮品名称"米芮牛奶",选用蓝色、较卡通的字体,给文字添加图层样式投影和描边;用同样的方法输入英文和其他信息,效果如图 3-39 和图 3-40 所示。

图 3-39　　　　　　　　图 3-40

(11) 将图层组"品名"复制两份分别放置于包装两侧,按住键盘中的"Ctrl+T"组合键,将品名进行缩小,效果如图 3-41 所示。

(12) 新建图层组"辅助信息":单击工具栏中的文字工具,在包装正面加入辅助信息"250 克""净含量""蓝莓味""45 天""常温保质"等,调整各自大小、字体、色彩、图层样式,效果如图 3-42 所示。

图 3-41　　　　　　　　图 3-42

(13)新建图层组"广告语",制作路径文字:单击工具栏中的"钢笔工具" ,绘制一条曲线,选择工具栏中的文字工具,贴近刚刚绘制的曲线,输入"自然健康 更出色",调整字体、大小、色彩,效果如图3-43所示。

(14)在图层组"广告语"中新建图层"飘带",单击工具栏中的"钢笔工具",绘制飘带路径,并将路径作为选区载入,填充白色,如图3-44所示。

图 3-43　　　　　　　　　　　　　　图 3-44

(15)在图层组"广告语"中单击文字工具,输入其他广告信息和提示语。新建图层绘制文明投放的小人和QS安全标志。将广告语组复制一份放置于另一侧,效果如图3-45所示。

(16)在图层面板中新建图层,绘制阳光、条形码、开口示意图,绘制方法有多种,可采用钢笔、选框、形状等工具,效果如图3-46所示。

图 3-45　　　　　　　　　　　　　　图 3-46

(17)绘制背面文字信息:新建图层组"文字信息"并新建图层,绘制浅灰色的底色,单击工具栏中的文字工具输入产品描述,选择合适字体,调整大小,选用蓝色。将图层组复制一份放置于另一侧,如图3-47所示。

(18)执行【文件】→【存储】命令,保存psd源文件,新建"效果图"文件制作后期效果图,将原包装正面和侧面分别保存为.jpg图片形式,通过变形工具将其两面拼合成盒子,并用"画笔工具"制作阴影增加立体感,复制倒影,改变透明度,如图3-48所示。

5. 知识点总结

1)饮品包装的种类

饮品,英语意指除水以外的任何一种可饮用的液体,如牛奶、茶、啤酒、葡萄酒等,可见饮料是一切含酒精与不含酒精饮品的统称。

图 3-47

图 3-48

2）图案填充

单击图层面板下面的"创建新的填充或调整图层"按钮,出现建立填充或调整图层选项,包含图案、颜色、渐变填充和色阶,可选颜色等叠加的调整图层,作用于下面全部图层,但不破坏原有图层,不满意可以删去重做。

3）通道抠图

抠图方法有很多种,根据不同的照片采用不同的抠图方法是提高抠图效率的好方式,对于复杂的背景可以选择通道抠图。通道抠图主要利用具体图像的色相差别或者明度差别建立选区,在通道面板中选择对比强烈的通道,进而调整通道的对比度,用魔棒工具选择所需区域得到选区。

4）蒙版修图

蒙版修图能将两张图片衔接得天衣无缝,本案例中将蓝莓与奶花很好地融为一体。蒙版修图在广告设计中的运用也是非常广泛的。对图层建立蒙版后,选用黑色即擦除画面,选用白色即显示画面,选用灰色即让选中的画面呈半透明状,当灰色程度不同时透明度也不同。

5）路径文字

路径文字可以将文本按照意愿排列,显得更活泼、动感。先选用钢笔工具绘制需要的文本走向路径,再选择文字工具在绘制好的路径上点击一下,输入想要的文本即可。如果没有达到预期的效果,可调整文字的大小、位置。

6）钢笔绘图

钢笔工具是软件的基础,必须能运用钢笔工具绘制出理想的图形。本案例中运用钢笔工具绘制了简单的飘带,需要注意节点的转换,由曲线转换成直线需要按住"Alt"键及时转换。

6. 职业快餐

(1)牛奶包装设计案例,如图 3-49 所示。

(2)果汁饮品包装设计案例,如图 3-50 所示。

图 3-49

图 3-50

实训 3
玩具包装设计

随着商品经济的发展,在庞大的现代玩具市场上,玩具的分类越来越细,种类繁多的玩具云集在商场的货架上,使人眼花缭乱。包装设计较好的玩具会首先映入人们的眼帘,相反,包装设计较差的玩具,则可能无人问津。玩具的包装是保护玩具、宣传玩具的重要手段。一个成功的玩具包装设计,首先应该是符合儿童的审美倾向和儿童的心理特征的。

1. 职业素质

(1)了解玩具包装的材质,在实际运用中做好印刷前的准备工作。
(2)色彩运用要符合消费人群的特点。
(3)功能特点的说明要全面。
(4)外观图案、商标印象要明确。

2. 案例分析

本案例为迪士尼 DIY 益智拼图玩具包装,如图 3-51 所示。儿童玩具的包装首先在色彩上一定要鲜艳,本案例选用了迪士尼的常用色彩红、黄、蓝,给孩子带来鲜明的视觉冲击力;在图形上选用不规则边缘,给孩子带来遐想;将迪士尼动画形象放置在包装的正面,增添童趣;在文字选用上活泼、色彩丰富。

图 3-51

3. 设计要求

(1)透过玩具包装能看到里面的部分产品,设计稿要做出镂空区域。
(2)玩具包装要合乎孩子的审美观念,色彩要鲜明。

(3)玩具包装版式要活泼,主题要突出。

(4)玩具包装版面信息要全面,符合国家对玩具包装的规定。

4. 设计过程

(1)新建文件,执行【文件】→【新建】命令或按"Ctrl+N"组合键,参照图3-52所示设置"新建"对话框,创建名为"玩具包装"的文档。尺寸为49厘米×32厘米,分辨率为300像素/英寸,颜色模式为CMYK颜色。

(2)设置参考线,执行【视图】→【新建参考线】命令,水平方向设置1.5、8.5、25.5、30.5四条参考线;垂直方向设置2、6.5、24、28.5、46五条参考线,单击工具栏中的"钢笔工具",沿参考线绘制包装展开图,如图3-53所示。

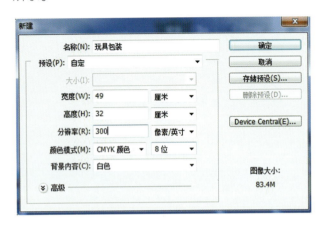

图 3-52

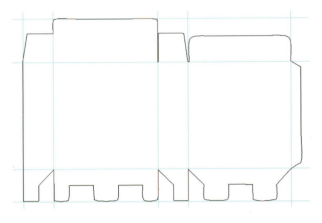

图 3-53

(3)在图层面板中新建图层,沿出血线绘制包装展开图并填充C:100 M:90 Y:20 K:0的蓝色,如图3-54所示。

(4)在图层面板中新建图层,单击工具栏中"钢笔工具",绘制包装盒上的红色色带,将绘制的路径转换成选区,填充红色,如图3-55所示。

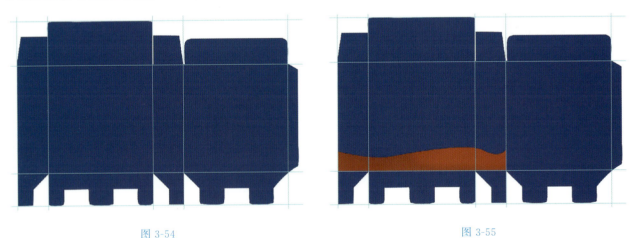

图 3-54　　　　　　　　　　　　　　图 3-55

(5)将红色色带营造出立体感,选中红色色带图层,在图层面板底部单击添加图层样式按钮,为色带图层建立图层样式,如图3-56和图3-57所示。

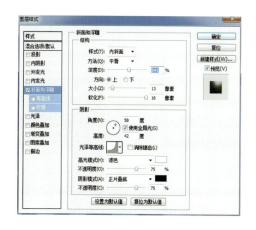
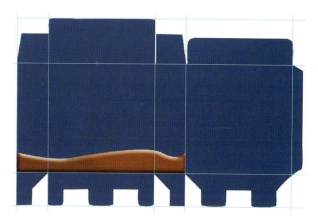

图 3-56　　　　　　　　　　　图 3-57

(6) 在图层面板中新建图层,绘制包装展开图右边的色带并添加图层样式,方法同上,如图 3-58 所示。

(7) 在图层面板中新建图层,单击工具栏中的"钢笔工具",绘制包装盒上的淡蓝色云层,如图 3-59 所示。

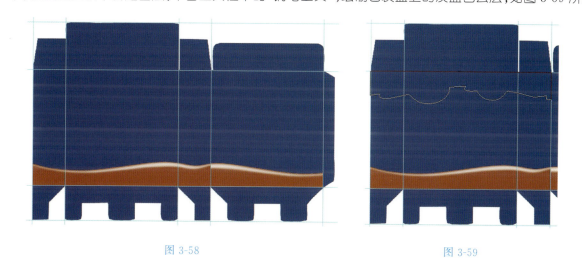

图 3-58　　　　　　　　　　　图 3-59

(8) 将路径窗口打开,执行【窗口】→【路径】命令,选中云层路径,单击鼠标右键建立选区,并填充 C:77 M:54 Y:15 K:0 的蓝色,如图 3-60 所示。

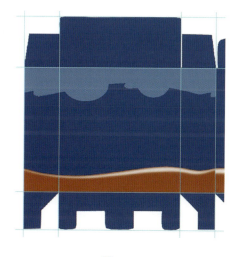

图 3-60

(9)执行【文件】→【打开】命令,打开素材中的"米奇"图片,将米奇从白色背景中抠出并复制到"玩具包装"图形窗口中,按住键盘中的"Ctrl+T"组合键调整米奇在包装中的大小及位置。新建图层,单击工具栏中的"画笔工具",为米奇制作投影,如图3-61所示。

(10)在图层面板中新建图层,单击工具栏中的"钢笔工具",沿米奇外形绘制不规则图形,将路径转换成选区并填充C:63 M:6 Y:7 K:0的蓝色,如图3-62所示。

图 3-61

图 3-62

(11)执行【文件】→【打开】命令,打开素材中的"米奇家族"图片,单击工具栏中的"矩形选框工具"选出合适的范围并复制到"玩具包装"图形窗口中,调整图层顺序,将红色色带图层置于"米奇家族"之上,效果如图3-63所示。

(12)执行【文件】→【打开】命令,打开素材中的"迪士尼标志"图片,将标志从白色背景中抠出,并复制到"玩具包装"图形窗口中,对该图层添加图层样式外发光,效果如图3-64所示。

图 3-63

图 3-64

(13)按住"Alt"键将"迪士尼标志"拖动复制到包装盒不同的区域,并调整其大小,以便更好地展示品牌形象,效果如图3-65所示。

(14)单击工具栏中的文字工具,输入玩具名称"DIY益智拼图",选用白色、较卡通的字体,并将名称复制到包装盒的不同区域,调整其大小,效果如图3-66所示。

图 3-65

图 3-66

(15)在包装正面加入辅助信息,单击工具栏中的"自定形状工具",选中其中的盾牌形状,填充绿色,并添加图层样式,弹出"图层样式"对话框,选择"斜面和浮雕"制作立体效果;输入"安全无毒"和"3+",选用白色文字,效果如图 3-67 所示。

(16)在图层面板中新建图层,用白色代表包装正面和侧面的镂空效果,再次新建图层,绘制包装两侧面的三个圆弧状,可用钢笔、选框、套索工具,填充 C:63 M:6 Y:7 K:0 的蓝色,效果如图 3-68 所示。

图 3-67

图 3-68

(17)单击工具栏中的文字工具,在包装正面加入辅助信息"米奇妙妙屋",给它们填充不同的颜色,并将后一"妙"字调大。在"米奇妙妙屋"图层上添加图层样式,弹出"图层样式"对话框,选择"斜面和浮雕""投影"制作立体效果。新建图层,给文字制作白底,可用钢笔、选框、套索工具,在新建图层上添加图层样式,弹出"图层样式"对话框,选择"斜面和浮雕"制作立体效果。效果如图 3-69 所示。

(18)将"米奇妙妙屋"和白底复制多份,放置于包装的不同区域,效果如图 3-70 所示。

图 3-69

图 3-70

(19)单击工具栏中的文字工具,输入"亲子拼装 快乐成长",选择合适的大小和字体,填充蓝色;打开文字属性栏,选择"创建文字变形"工具,样式设为"扇形",效果如图 3-71 所示。

(20)在图层面板中新建图层,放置两侧的产品图片和反面的图标信息,效果如图 3-72 所示。

(21)单击工具栏中的文字工具,输入产品描述,选择合适大小和字体,选用蓝色,包装展开图完成,如图 3-73 所示。

(22)执行【文件】→【存储】命令,保存 psd 源文件,新建"效果图"文件制作后期效果图,将原包装正面、侧面、顶部分别保存为 .jpg 图片形式,通过变形工具将其三面拼合成盒子,并用"画笔工具"制作阴影、增加立体感,复制倒影,改变透明度,如图 3-74 所示。

图 3-71

图 3-72

图 3-73

图 3-74

5. 知识点总结

1)钢笔工具的应用

单击创建新的工作路径按钮,在画布上连续单击可以绘制出折线,通过单击工具栏中的钢笔工具结束绘制。可以在按住"Ctrl"键的同时在画布的任意位置单击,如果要绘制多边形,最后闭合时,将鼠标箭头靠近路径起点,当鼠标箭头旁边出现一个小圆圈时,单击鼠标就可以将路径闭合。如果在创建锚点时单击并拖曳会出现一个曲率调杆,可以调节该锚点处曲线的曲率,从而绘制出路径曲线。添加锚点工具和删除锚点工具主要在对现成的或绘制完的路径曲线进行调节时使用。比如,要绘制一个很复杂的形状,不可能一次就绘制成功,应该先绘制一个大致的轮廓,然后就可以结合添加锚点工具和删除锚点工具对其逐步进行细化,直到达到最终效果。

2)图层样式

样式一:投影,为图像添加阴影效果。

样式二:内投影,为图像添加内阴影效果,使图像具有凹陷效果,例如碎鸡蛋、裂痕的制作都少不了它。

样式三:外发光,为图像增加外发光效果,在对话框中设置可以得到两种不同的发光效果,即纯色光、渐变光。在适当参数下可以发出黑色光(需要将混合模式设置为正片叠底)。

样式四:内发光,为图像增加内发光效果,对话框设置与外发光相同。

样式五:斜面和浮雕,为图像添加立体感。

样式六:光泽,用于创建光滑的磨光或金属效果。

样式七:颜色叠加,给字体或者对象变色的另一个捷径。
样式八:渐变叠加,为图像叠加渐变色。
样式九:图案叠加,可以在图层上叠加图案。
样式十:描边,描边功能强大,图案、渐变、颜色都可以设置为描边。

3)创建文字变形

Photoshop CS5 中自带的"创建文字变形"选项,是个功能强大的工具。它可以让文字变换不同的形状类型,这里面最值得称道的是文本扭曲的效果,通过不同程度的变化让文本更具个性。

6. 职业快餐

(1)国外玩具包装案例,如图 3-75 所示。
(2)娱乐游戏机包装案例,如图 3-76 所示。

图 3-75

图 3-76

Guanggao Sheji Xiangmu Shixun

项目四
VI视觉篇

VI 即 visual identity,通译为视觉识别,是 CI 系统最具传播力和感染力的部分,是将 CI 的非可视内容转化为静态的视觉识别符号,以丰富多样的应用形式,在最为广泛的层面上,进行最直接的传播。设计到位、实施科学的视觉识别系统,是传播企业经营理念、提高企业知名度、塑造企业形象快速便捷的途径。

VI 包括两个主要系统:一个为基本要素系统,如企业名称、企业标志、企业造型、标准字、标准色、象征图案、宣传口号等;另一个为应用系统,如产品造型、办公用品、企业环境、交通工具、服装服饰、广告媒体、招牌、包装系统、公务礼品、陈列展示和印刷出版物等。

实训 1 企业 LOGO 设计

企业 LOGO 是通过造型简单、意义明确、统一标准的视觉符号,将经营理念、企业文化、经营内容、企业规模、产品特点等要素传递给社会公众,使之识别和认同企业的图案和文字。LOGO 是企业凝聚力的核心,是构成企业形象的基本特征,是对企业的市场、理念、文化等方面的整合。

1. 职业素质

(1)标准字造型要与标志造型相融合。
(2)标准字的造型要能够表现出独特的企业性质和商品特性。
(3)标准字设计应该与企业的形象战略相符合。

2. 案例分析

本案例比较详细和清晰地介绍了 PS 设计标志的具体过程和思路。LOGO 运用圆形图形元素,把较为烦琐的中、英文文字和图案组织在一起,形成一个较为完整的整体,同时运用较为简单的颜色表达企业的文化内涵,如图 4-1 所示。

图 4-1

3. 设计要求

(1)标志能体现武昌职业学院积极向上的精神面貌。
(2)标志要从图形上突出学院的地理位置。
(3)标志需要图文并茂。

4. 设计过程

(1)新建 LOGO 文档,命名为"武昌职业学院",尺寸为 100 毫米×25 毫米,分辨率为 300 像素/英寸,颜色模式为 CMYK 颜色,如图 4-2 所示。
(2)单击工具栏"设置前景色"工具按钮,打开"拾色器(前景色)"对话框,设置 CMYK 的参数值分别为94%、74%、0%、0%,如图4-3所示。

图4-2

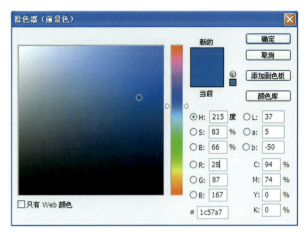

图4-3

(3)单击工具栏"椭圆选框工具",在工具选项栏中设置"羽化"值、"样式"类型及其宽度和高度,如图4-4所示。

图4-4

(4)执行【编辑】→【填充】命令,打开"填充"对话框,按图4-5所示设置,或按下"Alt+Delete"快捷键,对椭圆选框进行前景色填充,如图4-6所示。

图4-5 图4-6

(5)执行【编辑】→【修改】→【收缩】命令,打开"收缩选区"对话框,设置如图4-7所示。

图4-7

(6)设置背景色为白色,按下"Ctrl+Delete"组合键,快速填充背景色,填充选区内为白色,如图4-8

所示。

（7）同样执行步骤（5），设置"收缩量"为30像素，填充前景色，按下"Ctrl+D"组合键，取消选区，效果如图4-9所示。

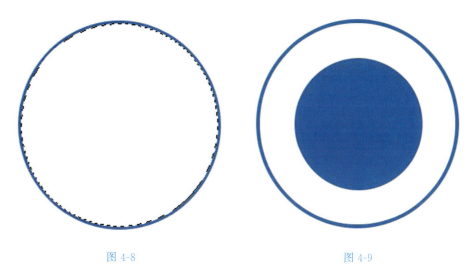

图4-8　　　　　　　　　　　　图4-9

（8）新建图层1，在工具栏单击"钢笔工具"，工具选项栏设置如图4-10所示。

图4-10

（9）单击工具栏中"钢笔工具"，在中心圆上绘制具有适量锚点的闭合路径图形，如图4-11所示。

（10）单击工具栏"转换点工具"，结合"Ctrl"键，移动锚点、调整曲线，最后调整效果如图4-12所示。

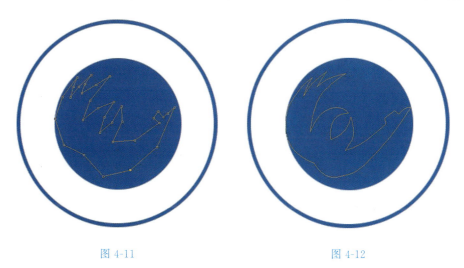

图4-11　　　　　　　　　　　　图4-12

（11）执行【窗口】→【路径】命令，打开"路径"对话框，在"工作路径"缩略图上单击右键，在打开的菜单中选择"建立选区"命令，如图4-13所示，或者直接单击"将路径作为选区载入"按钮。最后将路径转换为选区，如图4-14所示。

（12）以白色填充选区，并按照图4-13操作，选择"删除路径"命令，最后取消选区，如图4-15所示。

（13）参照步骤（8）和（9），运用"钢笔工具"，在白色圆环内绘制一条开放的路径，如图4-16所示。

图 4-13　　　　　　　　　　　　　　　图 4-14

图 4-15　　　　　　　　　　　　　　　图 4-16

(14)单击工具栏中"横排文字工具" T ,颜色设置为前景色,鼠标靠近路径左端点,鼠标显示为"Ｉ"路径输入样式,输入中文文字"武昌职业学院"。字体为"草檀斋毛泽东字体",字体大小为5点,效果如图4-17所示。

(15)用文字工具选择文字,单击属性栏中"切换字符和段落面板"按钮 ,打开"字符"面板,段落设置如图4-18所示。最后效果如图4-19所示。

(16)同理,在白色圆环内输入英文名称,如图4-20所示。

图 4-17　　　　　　　　　　　　　　　图 4-18

图 4-19　　　　　　　　　图 4-20

(17)运用"横排文字工具"编辑标志的文字效果,汉字颜色设为红色,英文设为黑色。效果如图 4-21 所示。

图 4-21

5. 知识点总结

1)标志设计技巧

①保持视觉平衡,讲究线条的流畅,使整体形状美观。

②用反差、对比或边框等强调主题。

③选择恰当的字体。

④注意留白,给人以想象的空间。

⑤运用色彩。因为人对色彩的反应比对形状的反应更为敏锐和直接,色彩更能激发人的情感。

2)路径文字

路径文字需要钢笔工具和文字工具共同来完成。先用钢笔工具绘制需要的路径,选用文字工具在路径上点击形成沿路径文字图标即可输入文字。可进行位置和方位的变换,如图 4-22 所示。

图 4-22

6. 职业快餐

(1)动物主题标志案例,如图 4-23 所示。

(2)字母主题标志案例,如图 4-24 所示。

图 4-23　　　　　　　　　　　　图 4-24

实训 2
企业手提袋设计

　　企业手提袋是企业视觉文化的一部分,是企业广告宣传的重要渠道。手提袋要展现企业的基本概况、联系方式和地址,既便于客户使用,又具有宣传效果。本节通过模拟实际广告策略,利用学校标志、学校校训等基本文化元素来设计手提袋。

1. 职业素质

(1)确定手提袋设计的尺寸,要与所装的物品匹配。
(2)在设计企业手提袋时,要考虑留有粘贴部分,做好出血、刀版预算。
(3)了解手提袋制作流程与后期加工工艺。

2. 案例分析

　　此案例为武昌职业学院手提袋(见图 4-25)设计,手提袋上标明了武昌职业学院的理念"厚德载物、励志创新",以及学院的其他信息;选用了学院具有代表性的图片,让人们通过手提袋便能了解到学院的一些基本情况。

图 4-25

3. 设计要求

(1)手提袋能体现学院的基本信息。

(2)手提袋图文并茂,能体现学院积极向上的精神。

(3)展现手提袋的立体效果。

4. 设计过程

(1)新建宽度为10厘米,高度为6厘米,分辨率为300像素/英寸,颜色模式为CMYK颜色,背景内容为白色的文件。

(2)打开自己制作的手提袋正面文件,如图4-26所示。

(3)将手提袋的正面图形复制移动到文件中生成图层1。选择图层1为当前图层,选择"矩形选框工具",羽化值设为100像素,框选图片上部,如图4-27所示。

 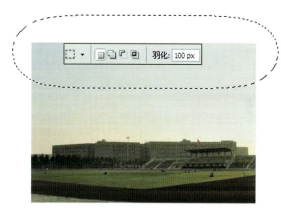

图 4-26　　　　　　　　　　　　　图 4-27

(4)持续单击"Delete"键,羽化删除选框内的内容,效果如图4-28所示。

(5)移入"武昌职业学院"标志,并进行大小、位置的适当调整,如图4-29所示。

图 4-28　　　　　　　　　　　　　图 4-29

(6)按照设计意图,组织和设置好其他文字及颜色,最后,手提袋正面平面图设置完成,如图4-30所示。

(7)单击工具栏中的"渐变工具",在其属性栏设置为"线性渐变",并在渐变矩形条下设置色标由左到右依次为普蓝(CMYK分别为100%、100%、61%、24%)和淡青色(CMYK分别为2%、2%、1%、1%),最后在背景图层由上至下渐变填充,效果如图4-31所示。

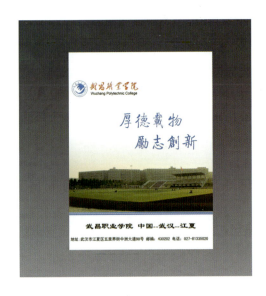

图 4-30   图 4-31

(8)执行菜单栏中的【编辑】→【变换】→【扭曲】命令,为图形添加变形框。调整各个控制点,编辑出平面图的透视效果,如图 4-32 所示。

(9)将"图层 1"拖曳至图层对话框下面的"创建新图层"按钮，复制"图层 1"为"图层 1 副本"。执行【编辑】→【变换】→【垂直翻转】命令,将"图层 1 副本"翻转,并运用"变换"中的"扭曲"命令调整其形态及位置,如图 4-33 所示。

(10)确定"图层 1 副本"为当前图层,单击"添加图层蒙版"按钮，为当前图层添加蒙版,如图 4-34 所示。

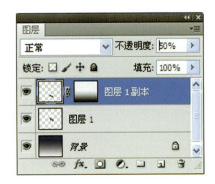

图 4-32   图 4-33   图 4-34

(11)运用线性渐变工具(图层蒙版默认前景色为黑色,背景色为白色),为蒙版由下而上添加渐变,形成透明倒影,如图4-35所示。

(12)同理,制作其他三个面及其倒影,如图4-36所示。

图4-35　　　　　　　　图4-36

(13)新建"扣眼"图层,运用"椭圆工具"绘制填充色的圆环,如图4-37所示。

(14)双击"扣眼"图层,打开"图层样式"对话框,对"扣眼"图层进行"斜面和浮雕""投影""光泽"的设置,如图4-38至图4-40所示。

图4-37　　　　　　　　图4-38

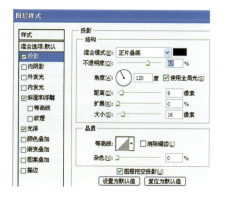
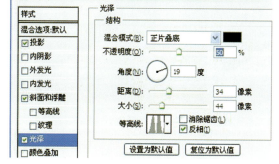

图4-39　　　　　　　　图4-40

(15)调整"扣眼"的大小,并将其移至手提袋的合适位置,复制调整,设置出手提袋的四个扣眼,如图 4-41 所示。

(16)单击工具栏中的"钢笔工具",绘制如图 4-42 所示的路径,在图层面板中新建"提手"图层,设置好前景色。选择工具栏中的"画笔工具",在属性栏中设置土直径为 15 像素,硬度为 100%。

图 4-41

图 4-42

(17)打开路径面板,单击底部的"描绘路径"按钮 ◯ ,进行路径描绘,然后在路径面板中单击灰色隐藏路径,描绘出线绳效果,如图 4-43 所示。

(18)选择菜单栏中的【图层】→【图层样式】→【斜面和浮雕】,设置各项参数,完成"提手"制作。复制另一根"提手"放置到合适的位置,效果如图 4-44 所示。

(19)最后按照受光规律制作投影,效果如图 4-45 所示。

图 4-43

图 4-44

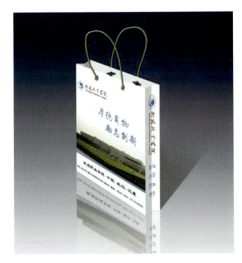

图 4-45

5. 知识点总结

1）手提袋的规格

手提袋的尺寸通常根据包装品的尺寸而定。通用的标准尺寸分三开和对开,每种又分为正度和大度两种。

大 2 开手提袋:330 毫米(宽)×450 毫米(高)×90 毫米(侧面)。

正 2 开手提袋:280 毫米(宽)×420 毫米(高)×80 毫米(侧面)。

大 3 开手提袋:250 毫米(宽)×350 毫米(高)×80 毫米(侧面)。

正 3 开手提袋:240 毫米(宽)×290 毫米(高)×80 毫米(侧面)。

大度 4 开手提袋参考版式尺寸:597 毫米×431 毫米。大度 4 开手提袋便于携带,足够大的空间可以轻松装入一些 A4、大 16 开的书册,纸张通常采用 157～250 克的铜版纸,不宜使用高克重的卡纸。通常大度 4 开手提袋的印刷成本是正度对开手提袋的 1/3 到 1/2 之间,性价比较高。

大度 4 开手提袋参考版式如图 4-46 所示。

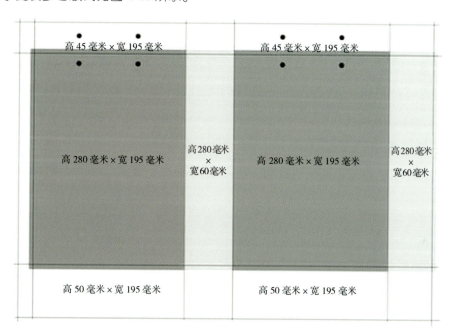

图 4-46

2）羽化

羽化是对选区的边缘进行模糊的一个命令。

例如,划出一个选区,在没有羽化的时候,直接填充得到的会是一个硬边,有羽化的时候,得到的是一个边缘逐渐透明的区域,这只是其应用之一。它还可以应用在很多方面,例如,要删去某一个图片的某一个地方,不想删得太突兀,还要让边缘逐渐消失,这时也可以用一个带羽化的选区去删除。

在 Photoshop 里,羽化就是使选定范围的边缘达到朦胧的效果。羽化值越大,朦胧范围越宽;羽化值越小,朦胧范围越窄。可根据想留下的图的大小来调节。如果把握不准可以将羽化值设置小一点,重复按"Delete"键,逐渐增大朦胧范围,从而达到需要的效果。

6. 职业快餐

(1)纸质手提袋设计案例,如图 4-47 所示。

(2)领带手提袋设计案例,如图4-48所示。

图4-47

图4-48

实训 3
企业员工制服设计

为了实现企业形象对外传播的一致性与一贯性,应该选用统一员工制服,用完美的视觉一体化设计,将信息与认识个性化、明晰化、有序化,把各种形式传播媒体上的形象统一,创造能储存与传播的统一的企业理念与视觉形象,这样才能集中与强化企业形象,使信息传播更为迅速有效,给社会大众留下强烈的印象与影响力。

1. 职业素质

(1)制服夏装:男式夏装(包括短袖衬衫、西裤)、女式夏装(套裙,包括短袖上衣、裙子)。

(2)制服冬装:男式冬装(包括西服、西裤、长袖衬衫)、女式冬装(包括西服、西裤、长袖衬衫)。

(3)制服要庄重大方、体现职业性。

2. 案例分析

本案例为武昌职业学院员工制服设计,采用简单的色彩搭配,上浅下深、简洁大方。马甲配衬衣,稳重而不失青春的感觉,如图4-49所示。

3. 设计要求

(1)体现武昌职业学院"厚德强能、励志创新"的精神面貌。

(2)适合春季和秋季穿着,色彩欣欣向荣。

4. 设计过程

(1)新建"工作制服"文件,颜色模式为CMYK颜色,设置高度为200毫米,宽为150毫米,分辨率为300像素/英寸,背景内容为白色。

(2)分别打开"拾色器"对话框,设置前景色为白色,背景色为黑色;按住"Shift+Ctrl+N"组合键,创建图层1,执行【视图】→【标尺】命令,或者按下"Ctrl+R"组合键,显示标尺,并按照绘制要求拖曳出水平与垂直参考线,如图4-50所示。

(3)单击工具栏中的"钢笔工具",工具选项栏中的属性设为"路径",按照绘制要求绘制封闭路径,如图4-51所示。

图 4-49　　　　　　　　　　图 4-50　　　　　　　　　　图 4-51

（4）执行【视图】→【显示】→【参考线】命令，隐藏参考线，运用"转换点工具"，控制锚点控制柄，调整相关的圆滑角度，效果如图 4-52 所示。

（5）执行【窗口】→【路径】命令，打开"路径"面板。单击底部的"用前景色填充路径"按钮，为封闭路径填充白色。

（6）单击"X"键，切换前景色与背景色，设置"钢笔工具"选项栏中画笔的大小为 2，硬度为 100％；单击"路径"面板下方的"用画笔描边路径"，为路径描黑色边，然后取消路径。

（7）设置前景色为蓝色（CMYK 分别为 94％、74％、0％、0％）；创建图层 2，运用"钢笔工具"绘制封闭路径，如图 4-53 所示。

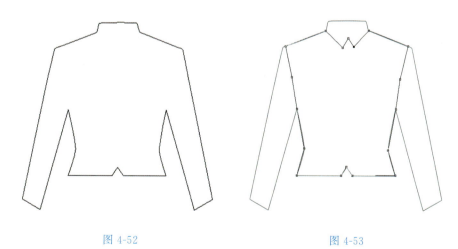

图 4-52　　　　　　　　　　图 4-53

（8）运用"转换点工具"，控制锚点控制柄，调整相关的圆滑角度；将路径转换为选区，并填充前景色，然后删除路径，取消选区，效果如图 4-54 所示。

（9）执行【编辑】→【描边】命令，打开"描边"面板，设置如图 4-55 所示，描边效果如图 4-56 所示。

（10）创建图层 3，用"钢笔工具"绘制服装结构其他开放路径，并对其描边，效果如图 4-57 所示。

图 4-54　　　　　　　　　　　　　图 4-55

图 4-56　　　　　　　　　　　　　图 4-57

(11) 创建图层 4,运用"椭圆选框工具",绘制纽扣形状,并用黑色描边,将其复制在合适的位置,效果如图 4-58 所示。

(12) 创建图层 5,设置前景色为白色;单击工具栏中"多边形套索工具" ，绘制领带选区,并填充前景色,如图 4-59 所示。

图 4-58　　　　　　　　　　　　　图 4-59

(13) 创建图层 6,运用"钢笔工具"绘制裙子闭合路径,如图 4-60 所示。

(14) 将路径转换为选区,并填充黑色,如图 4-61 所示。

(15) 将前景色设置为灰色(CMYK 的参数值分别为 40%、30%、30%、10%),创建图层 7,运用"钢笔工具"在裙口处绘制一开放路径,并用前景色描边,如图 4-62 所示。

图 4-60　　　　　　　　图 4-61　　　　　　　　图 4-62

(16)执行【文件】→【打开】命令,打开标志素材,如图 4-63 所示,单击标志图层缩略图,图形蓝色内容为选区,填充其为白色,并将其移至服装合适的位置,最后,"工作制服"效果如图 4-64 所示。

　　　　图 4-63　　　　　　　　　　图 4-64

(17)设计延伸,设计其他几种颜色的工作制服,如图 4-65 和图 4-66 所示。

5. 知识点总结

1)描边

在 Photoshop 中,钢笔工具可以直接画出路径。画出来的路径,如果不配合其他工具来使用,是毫无意义的。通常情况下,钢笔工具画出的路径,常常需要描边,让描出来的边沿着路径来显示。首先使用钢笔工具画出需要的路径,接着,在工具栏中选择画笔工具,找到窗口中的面板,选择路径,如图 4-67 所示。

图 4-65　　　　　　图 4-66　　　　　　图 4-67

2) 前景色与背景色快速替换

本节介绍了快速切换前景色与背景色的方法：直接按键盘中的"X"键即可实现它们的快速转换。填充前景色的组合键是"Alt＋Backspace"；填充背景色的组合键是"Ctrl＋Backspace"。

6. 职业快餐

(1) 蛋糕师制服案例，如图 4-68 所示。

(2) 营业员制服案例，如图 4-69 所示。

图 4-68　　　　　　　　　　　　　　图 4-69

Guanggao Sheji Xiangmu Shixun

项目五
户外广告篇

户外广告(outdoor advertising)主要指在城市的交通要道两边,主要建筑物的楼顶和商业区的门前、路边等户外场所设置的发布广告信息的媒介,主要形式包括招贴、海报、广告牌、霓虹灯、电子屏幕、灯箱、气球、飞艇、车厢、大型充气模型等。

户外广告可能是最早的广告形式之一。早期的户外广告形式,通常是在房屋外墙壁上的显眼处,贴上一些抢眼的标志。考古学者在古罗马和庞贝古城的废墟中发现了不少这样的标志。有一个从古罗马遗址挖掘出的户外广告是一家房产要出租,还有一个是在庞贝古城墙上的广告,用来招徕去当地旅游的旅行家。

即使现代社会印刷、广播、电视、有线传播和近年出现的互联网不断发展,户外广告仍然是打造品牌和传递市场信息时被广泛应用的媒介之一。

实训 1
易拉宝设计

易拉宝又叫易拉得,是目前会议、展览、销售宣传等场合使用频率最高,也最常见的便携展具之一。现已成为生产技术成熟的展具。易拉宝的底部有一个卷筒,内有弹簧,会将整张画面卷回卷筒内。

易拉宝简洁易安装、轻巧便携、可多次更换画面,适合各种形式的促销活动,是商战中的得力助手。易拉宝除了展架外,最主要的部位就是展示画面,这个画面就是需要展览展示的部分,而易拉宝就是一个承载这块展览展示画面的器材。

易拉宝结构图如图 5-1 所示。

图 5-1

1. 职业素质

(1)易拉宝类型多样,有双面易拉宝、桌面易拉宝、电动易拉宝、折叠易拉宝、伸缩杆易拉宝、滚筒式易拉宝、宽底座易拉宝、圆形易拉宝、月牙形易拉宝。

(2)易拉宝常规尺寸:80 厘米(85 厘米、90 厘米、120 厘米、150 厘米)× 200 厘米。写真画面分辨率 96 像素/英寸即可,最低不能低于 72 像素/英寸,颜色模式为 CMYK 颜色。

2. 案例分析

蒙牛走进人们的生活,让人们迅速记住它,与其品牌宣传是分不开的,此案例是在各卖场、路演、堆码中常见的广告宣传形式,其中包含企业 LOGO、广告语、广告主题、广告辅助信息、产品展示等信息,如图 5-2 所示。

3. 设计要求

(1)根据客户的实际需求来设定易拉宝的尺寸。

(2)设计时需要突出广告主题,在文字上可以做一些创新。

(3)色彩需要符合品牌特点,版式应清新。

(4)画面信息全面,具有一定的审美性。

4. 设计过程

(1)新建文件,执行【文件】→【新建】命令或按"Ctrl＋N"组合键,参照图 5-3 所示设置"新建"对话框,创建名为"易拉宝"的文档。尺寸为 80 厘米×200 厘米,分辨率为 72 像素/英寸,颜色模式为 CMYK 颜色。

(2)执行【文件】→【打开】命令,打开素材中的"背景"文件,将绿色背景在新窗口中打开,运用工具栏中的"矩形选框工具"框选需要的背景区域并执行【编辑】→【拷贝】命令,回到易拉宝文件执行【编辑】→【粘贴】命令,易拉宝文件中的背景制作完毕,如图 5-4 所示。

图 5-2

图 5-3

图 5-4

(3)新建图层"奶人",执行【文件】→【打开】命令,打开素材中的"奶人"图片。将奶人在新窗口中打开,抠出奶人的图像复制到"易拉宝"文件中的"奶人"图层,方法与复制背景方法相同。抠出的方法多样,如用魔棒、磁性套索、钢笔工具,可根据自己的喜好选择。调整奶人的位置、大小,如图 5-5 所示。

(4)新建图层"奶花",执行【文件】→【打开】命令,打开素材中的"奶花"图片。将奶花在新窗口中打开,抠出奶花的图像复制到"易拉宝"文件中的"奶花"图层,方法同上。调整奶花的位置、大小,如图 5-6 所示。

(5)运用同样的方法将"运动奶人"复制到"易拉宝"文件中,调整各自大小、位置,如图 5-7 所示。

(6)新建图层"广告主题",单击工具栏中的文字工具,输入"更多蒙牛牛奶 更多健康动力",设置文字的字体、大小、色彩,参数如图 5-8 所示。用文字工具框选第二个"更多",将其字号设置为 180 点,效果如图 5-8 所示。

图 5-5

图 5-6

图 5-7

图 5-8

（7）旋转广告主题，执行【编辑】→【自由变换】命令，将文字旋转－17°；双击"广告主题"图层缩略图，运用属性栏中的"创建文字变形"工具，参数如图 5-9 所示。

（8）选择"广告主题"图层，单击鼠标右键将文字转换成形状，制作"康"和"力"的弧度：运用工具栏中的"钢笔工具"，按住"Shift"键，给原有的形状加入弧度，用"转换点工具"调整弧度的位置，效果如图 5-10 所示。

（9）给图层"广告主题"添加图层样式：单击图层面板底部的图层样式，给文字添加投影、斜面和浮雕效果，参数如图 5-11 和图 5-12 所示。

（10）单击工具栏中的文字工具，输入辅助信息"中国航天员 国家体育总局训练局运动员专用牛奶"，进行文字变形，如图 5-13 所示。

（11）给辅助文字填入不同的颜色，并对其添加图层样式描边——大小为 21 像素，位置为外部，混合模式为正常，不透明度为 100%，颜色为绿色。效果如图 5-14 所示。

图 5-9　　　　　　　　　　　　　　　　图 5-10

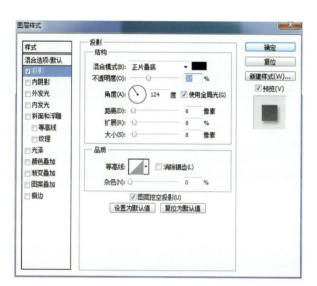
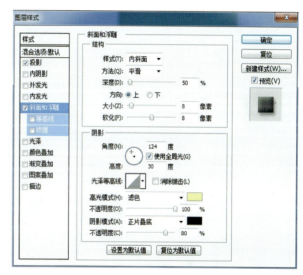

图 5-11　　　　　　　　　　　　　　　　图 5-12

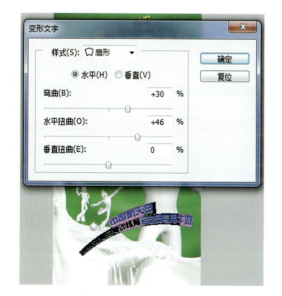

图 5-13　　　　　　　　　　　　　　　　图 5-14

(12)复制辅助文字图层,删除原有的图层样式,添加投影图层样式,参数如图 5-15 所示,效果如图 5-16 所示。

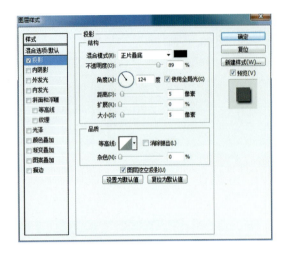

图 5-15　　　　　　　　　　　　　　　　　　图 5-16

(13)绘制左上角的奶汁:新建图层,单击工具栏中的"套索工具"，绘制不规则的奶汁,并填充白色,给图层添加图层样式,参数如图 5-17 至图 5-19 所示。

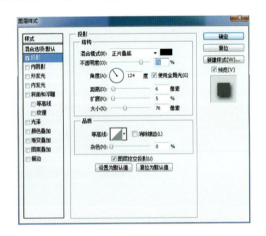

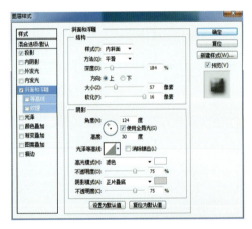

图 5-17　　　　　　　　　　　　　　　　　　图 5-18

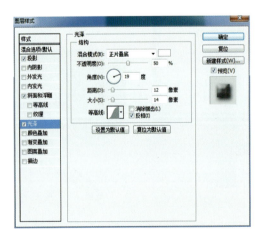

图 5-19

(14)放置企业LOGO：新建图层"企业LOGO"，执行【文件】→【打开】命令，打开素材中的"蒙牛标志"图片。将蒙牛标志在新窗口中打开，抠出蒙牛标志的图像复制到"易拉宝"文件中的"企业LOGO"图层，方法与复制背景方法相同。抠出的方法多样，如用魔棒、磁性套索、钢笔工具等，可根据自己的喜好选择。效果如图5-20所示。

(15)单击工具栏中的文字工具，输入广告语"自然给你更多"和"奶人多多"，选择合适大小、字体、颜色，效果如图5-21所示。

(16)制作产品展示区：新建图层"产品"，执行【文件】→【打开】命令，打开素材中的"纯牛奶"文件。将纯牛奶在新窗口中打开，抠出纯牛奶的图像复制到"易拉宝"文件中的"产品"图层，方法同上。给"产品"图层添加外发白光图层样式，效果如图5-22所示。

图5-20　　　　　　　　图5-21　　　　　　　　图5-22

(17)新建图层制作外环：单击工具栏中的"钢笔工具"绘制弧形路径，将路径转换成选区，填充浅绿色，用同样的方法制作深绿色弧形，将浅绿和深绿合并为一个图层，效果如图5-23所示。

(18)复制弧形图层，执行【编辑】→【变换】→【旋转180度】命令，调整图层顺序，让它置于产品下。绘制完毕，保存为psd格式，最终效果如图5-24所示。

图5-23　　　　　　　　　　　　　　图5-24

5. 知识点总结

1）易拉宝设计尺寸

易拉宝成品尺寸为 80 厘米×200 厘米、125 厘米×200 厘米、150 厘米×200 厘米,因为喷出来的画是整尺寸,安装很麻烦,所以成品尺寸应做到 78 厘米(画面两边各留 1 厘米便于安装)×200 厘米(上面 2 厘米不能有字,因为上面有杆子;下面 3 厘米不能有字,因为下面有个粘位)、122 厘米×200 厘米、148 厘米×200 厘米。

2）形状编辑

在 Photoshop 中形状工具包括矩形工具、圆角矩形工具、椭圆工具、多边形工具、直线工具和自定形状工具,可以绘制不同的矢量元素,如图 5-25 所示。

在本节中,运用了钢笔工具来绘制形状,按住"Shift"键进行形状的相加,按住"Alt"键进行形状的相减,也可以单击钢笔工具属性栏中的"添加到形状区域" 、单击"从形状区域减去" ,如图 5-26 所示。

图 5-25

图 5-26

6. 职业快餐

(1) 保健品易拉宝设计案例,如图 5-27 所示。

(2) 博宇电气易拉宝设计案例,如图 5-28 所示。

图 5-27

图 5-28

实训 2
道旗广告设计

道旗,又名灯杆旗,一般是指安置于道路两侧、活动场馆附近的路灯灯杆等物体上的广告、宣传媒体,属于户外广告媒体的一种。

道旗长时间冲击受众群体的视觉,通过每天的接触,在受众群体的潜意识中便树立了该广告的品牌意识,在短期的潜移默化中即能收到良好的宣传效果,迅速地提升广告主品牌的知名度,提升广告效益。道旗具有宣传力度强劲有效、动感直观、整体感强等特点。

1. 职业素质

(1)道旗一般采用宝丽布喷绘、户外写真布喷绘、热转印旗帜布等。可以做单喷单看、单喷双看和双喷双看等效果。

(2)旗杆支撑有普通铁质方管和圆管,也有不锈钢管和镀锌管,上下横梁多数采用铝合金和不锈钢旗杆,与一般的铁质方管、圆管制作的旗杆相比,整体外观表面光洁度高、美观,另外,使用时限也要长很多,也可多次拆卸,易于加工。

(3)道旗的尺寸有 60 厘米×190 厘米、80 厘米×240 厘米、120 厘米×350 厘米等常用规格,也可以根据要求的尺寸制作道旗。设置在路边的道旗总高度不超过 2 米。三角形道旗,其立边长度(高度)不超过 0.5 米,底边长度(宽度)不超过 0.5 米;方形道旗,其立边长度(高度)不超过 0.7 米,底边长度(宽度)不超过 0.5 米。

2. 案例分析

此案例为学校庆祝新中国成立 64 周年主题道旗,画面选用喜庆的红、黄两色;图形选用光芒四射的底纹,集国旗、天坛、华表、牡丹等元素为一体展现中华风采;文字"64"做了字体变形,让数字与星月融为一体,如图 5-29 所示。

图 5-29

3. 设计要求

(1)根据道旗实际尺寸来设置制作文件。

(2)设计时需要突出主题,文字上可以做一些创新。

(3)围绕主题选择合适素材放置于画面中,让画面活力十足。

(4)画面信息全面,符合美学的视觉流程。

4. 设计过程

(1)新建文件,执行【文件】→【新建】命令或按"Ctrl+N"组合键,参照图 5-30 所示设置"新建"对话框,创建名为"道旗设计"的文档。尺寸为 60 厘米×190 厘米,分辨率为 72 像素/英寸,颜色模式为 CMYK 颜色。

(2)新建图层"渐变底",单击工具栏中的"渐变工具" ,将渐变设置为"线性渐变" ,选用红色到黄色渐变,如图 5-31 所示。拖拉鼠标用渐变填满整个画面,效果如图 5-32 所示。

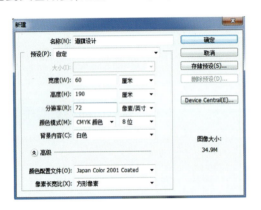
图 5-30

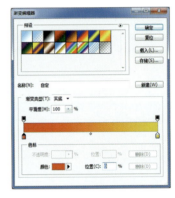
图 5-31

图 5-32

(3)定义图案:执行【文件】→【新建】命令,新建 40 厘米×5 厘米、300 像素/英寸、透明背景文件。单击工具栏中的"矩形选框工具" 在画面中绘制矩形,填充黄色,如图 5-33 所示。执行【编辑】→【定义图案】命令,图案就生成了,便于制作光芒四射的效果。

(4)回到道旗设计文件,新建图层"光芒",单击工具栏中的"矩形选框工具" ,绘制正方形选区,执行【编辑】→【填充】命令,在"填充"对话框选择刚刚编辑的图案,如图 5-34 和图 5-35 所示。

图 5-33

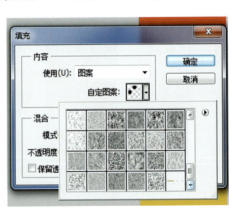
图 5-34　　　　图 5-35

(5)执行【滤镜】→【扭曲】→【极坐标】命令,如图 5-36 所示,产生光芒四射的效果。

(6)对光芒执行【编辑】→【变换】命令,等比例拉大,放置于合适的位置。给图层添加矢量蒙版 ,选用工具栏中的"渐变工具",设置由黑色到白色渐变,淡去光芒边缘,如图 5-37 所示。

(7)置入天坛：执行【文件】→【打开】命令,打开素材中的"天坛"文件,将天坛复制到"道旗设计"文件中,放在画面的右下角,调整天坛在画面中的大小,如图5-38所示。

(8)置入其他素材：方法同上,分别置入华表、牡丹、国旗等元素,放置在合适的位置,调节各自大小比例,如图5-39所示。

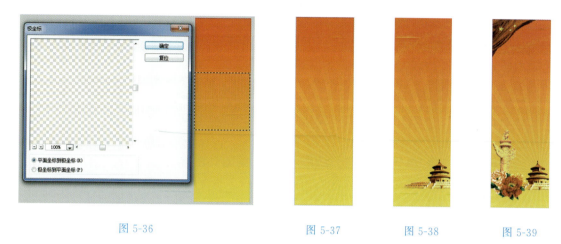

图5-36　　　　　图5-37　　　图5-38　　　图5-39

(9)新建图层,绘制道旗底部的弧形,方法有多种,如用工具栏中的套索、选框、钢笔工具等,可根据自己的实际情况选择。将弧形填充为红色渐变,将此图层复制填充黄色放置于红色弧形图层下方。效果如图5-40所示。

(10)编辑主标题：热爱祖国 建设祖国。单击工具栏中的文字工具,输入主标题,字体选择文鼎特粗圆简,字号为280点。对文字图层添加图层样式,如图5-41和图5-42所示。

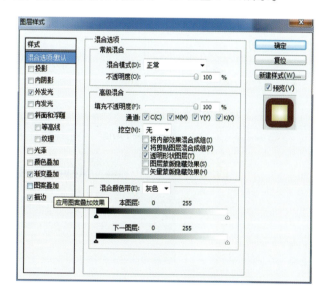

图5-40　　　　　　　　　图5-41　　　　　　　　　图5-42

(11)绘制辅助文字：单击工具栏中的文字工具,输入"64",选择合适的字体、大小,在文字图层上单击鼠标右键将文字转换成形状,选用工具栏中"自定形状工具"中的星星与月亮,如图5-43所示,属性栏选择"添加到形状区域"。

(12)添加星星、月亮形状后选用工具栏中的"路径选择工具"调整它们的位置,用"转换点工具"删减和变换大五角星的弧度,如图5-44所示。

图 5-43　　　　　　　　　　　　　　　　图 5-44

(13) 添加图层样式：选择"64"形状图层，添加图层样式，如图 5-45 至图 5-47 所示。

(14) 单击工具栏中的文字工具，输入"1949-2013"，调整合适字体、颜色、大小、位置，如图 5-48 所示。

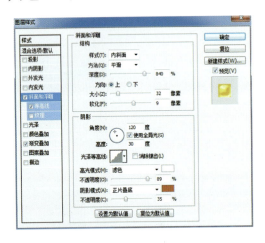
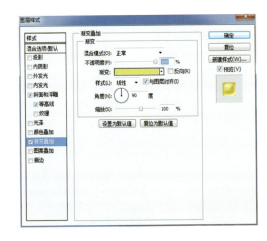

图 5-45　　　　　　　　　　　　　　　　图 5-46

图 5-47　　　　　　　　　　　　　　　　图 5-48

(15) 执行【文件】→【打开】命令，打开素材中的"标志"文件，选择标志和标准字部分复制到"道旗设计"文件中，添加图层样式外发光，如图 5-49 所示。

(16) 新建图层，绘制闪光：设置前景色为白色，选用工具栏中的"画笔工具"，选择画笔"70"，调整画笔大小为 349，将画笔设置为散布，数量为"1"，如图 5-50 所示。

(17) 绘制完毕，保存为 psd 格式，最终效果如图 5-51 所示。

图 5-49　　　　　　　　　　　　图 5-50　　　　　　　　　　　图 5-51

5. 知识点总结

1）定义图案

本节中运用选区制作色块定义图案，用来制作后期光芒四射的效果。在定义画笔时应根据实际运用来设置画布大小，绘制好图形后执行【编辑】→【定义图案】命令并命名。

2）滤镜应用

Photoshop 滤镜的功能非常强大，在本节中运用【滤镜】→【扭曲】→【极坐标】产生光芒四射的效果。

3）蒙版

在 PS 中有两个蒙版按钮，一个位于工具栏，一个位于图层面板的下方，均为长方形内套圆圈的符号。

位于工具栏的蒙版工具主要用于选区。方法为：单击蒙版按钮，用黑色笔刷在图层上涂抹，图层上显示为红色透明样式，所涂抹的地方就是选区外的地方，可以用橡皮擦等一些工具进行修改。涂抹完成后再单击蒙版按钮就会变成选区。

位于图层面板下的蒙版按钮主要用于融合多个图层，方法类似：先单击蒙版按钮，用黑色画笔涂抹，涂抹过的地方将会变透明，显示出下面图层的内容，想要达到半透明效果可用灰色涂抹，和正常作画一样，可用橡皮擦等其他工具进行修改。

6. 职业快餐

（1）国庆盛典道旗设计案例，如图 5-52 所示。

（2）房地产道旗设计案例，如图 5-53 所示。

图 5-52　　　　　　　　　　　　　　　图 5-53

实训 3
站台广告设计

站台广告,是指设置在公交、铁路、地铁的站台上的广告,由于城市公共交通日益发达,站台广告已发展成为城市一个不可或缺的重要组成部分,设计精美的候车亭广告也成为城市一道美丽的风景。

人们进入站台之后就进入了一个相对封闭的环境之中,站台广告不像户外的其他广告媒体上的广告,如在建筑物、公交车上的广告,只是周围环境的一点装饰,除了建筑物和公交车之外人们还有很多观看的选择,而站台广告有它自身相对独立、整体的环境,甚至可以说是它在一定程度上构成了周围的环境。当人们候车、经过站台通道,以及车开以后,由于有空闲的时间,人们自然会被站台内各式各样的广告内容所吸引,从而去关注一些在其他时间和其他地方并不一定会发生兴趣的事物。因此,相对于其他的户外广告,站台广告拥有更高的关注度,自然有更高的回忆率。

1. 职业素质

(1)站台广告栏尺寸多样,制作时应以实际尺寸为准,以公交站台广告栏为例:高200厘米×宽120厘米。

(2)站台广告属于户外广告,材质的选择要注意能经受阳光直射、经久耐用。站台广告一般采用灯片广告材质,灯片广告是附着在灯管上的,在背光使用上,透光均匀,有很好的遮盖力,不会透出灯管的轮廓;打印画面精致、细腻。灯片广告效果清晰,独特的工艺使产品具有无卷曲、打灯后色彩更艳丽、价格低廉的特点。相对于背胶来说更加高档,一些专柜用的也是灯片广告。最重要的是灯片广告材质的特殊性,在晚上没有光线的情况下,公交站台的广告更是亮眼。

(3)站台广告在尺寸上普遍偏大,户外大型喷绘和电脑稿制作时,一般按实际尺寸1∶1进行制作。精度一般为30像素/英寸,特殊情况下还可以变动,一般5平方米以下的30像素/英寸左右,5~30平方米的25像素/英寸,30~100平方米的20像素/英寸左右。一般文件在存TIF不压缩的情况下不要超过400平方米,还有就是在Photoshop里按实际大小显示的时候不要有马赛克就可以了。设计稿的颜色模式为CMYK,禁止使用RGB颜色模式。

2. 案例分析

本案例为站台公益广告,主题为"节能减排——还地球多点绿色",倡导公共交通节能出行,如图5-54所示。画面宣传正能量,通过绿色地球、风车、蝴蝶等元素展示美好的愿景,倡导公共交通节能出行。

3. 设计要求

(1)将主题"节能减排"突出,做一些字体创意。

(2)公益性强,诉求明确。

(3)内容丰富,画面具有美感。

4. 设计过程

(1)新建文件,执行【文件】→【新建】命令或按"Ctrl+N"组合键,参照图5-55所示设置"新建"对话框,创建名为"站台广告"的文档。尺寸为120厘米×200厘米,分辨率为72像素/英寸,颜色模式为CMYK颜色。

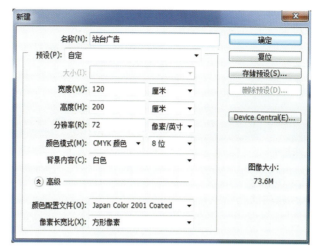

图 5-54　　　　　　　　　　　　　　　　图 5-55

（2）新建图层"绿地"：单击工具栏中的"矩形选框工具" ，在画面下端制作出选区，填充绿色，如图5-56所示。

（3）执行【文件】→【打开】命令，打开素材中的"地球.psd"文件，将地球复制到站台广告中，调整其大小和位置，如图5-57所示。

（4）新建图层"风车"，单击工具栏中的"钢笔工具" ，绘制风车的外形路径，并将风车路径转换成选区，如图5-58所示。

图 5-56　　　　　　　　　　图 5-57　　　　　　　　　　图 5-58

（5）单击工具栏中的"渐变工具" ，给风车填入黄绿色到绿色的渐变，并用画笔在风车中制作较深的纹理效果，如图5-59所示。

（6）单击工具栏中的文字工具，输入"节能减排"四个字，选择恰当的字体和大小，并将"减排"二字的基线调高，参数如图5-60所示。

（7）将文字斜切，按"Ctrl+T"组合键快速将文字调成变换状态，单击鼠标右键选择斜切，或执行【编辑】→【变换】→【斜切】命令，使文字倾斜，如图5-61所示。

（8）将文字转换成形状：在"节能减排"图层上单击鼠标右键转换成形状，单击工具栏中的"转换点工具" ，选中关键点，按住上下左右、"Delete"键调整文字变形部分，如图5-62所示。

(9)选中"节能减排"的矢量蒙版,单击工具栏中的"钢笔工具" ,绘制飘带,将文字串联起来,如图5-63所示。

图 5-59

图 5-60

图 5-61

图 5-62

图 5-63

(10)在文字"减"上绘制树叶,方法同上。也有更简单的方法:单击工具栏中的"自定形状工具" ,选择定义好的树叶形状,按住"Shift"键和原形状相加。效果如图5-64所示。

图 5-64

(11)将文字贴入绿色草地图片:执行【文件】→【打开】命令,打开素材中的"草坪"图片,并将草坪复制到文字上方,按住"Ctrl+T"组合键将草坪拖拉至文字大小,如图5-65所示。

(12)对文字和草坪图层执行剪贴蒙版命令:选中草坪图层,执行【图层】→【剪贴蒙版】命令,或按住"Alt"键单击文字与草坪两图层相交部分。效果如图5-66所示。

(13)对文字添加图层样式:单击图层左下角的 添加图层样式,制作深绿色投影和外发白光效果,如图5-67所示。

(14)执行【文件】→【打开】命令,打开素材中"蝴蝶"文件,将蝴蝶复制到站台广告画面中,调整其大小和位置,如图5-68所示。

(15)执行【文件】→【打开】命令,打开素材中"公共出行"文件,将公共出行的图标复制到站台广告画面中,调整其大小和位置,对图层添加图层样式,制作外发光效果,如图5-69所示。

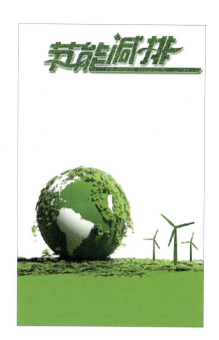

图 5-65　　　　　　　　　图 5-66　　　　　　　　　图 5-67

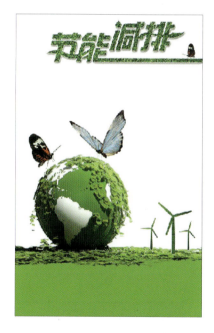

图 5-68　　　　　　　　　图 5-69

(16) 单击工具栏中的文字工具，输入文字，选择字体、字号和颜色，效果如图 5-70 所示。

(17) 绘制完成，保存为 psd 格式，最终效果如图 5-71 所示。

5. 知识点总结

1) 站台广告材质与设计注意事项

户外广告牌一般较大，在设计时需要把分辨率设为 15～30 像素/英寸之间。一则便于后期输出，二则便于计算机运转。

图 5-70

图 5-71

2)文字转换成形状

文字转换成形状在平面设计中经常用到,因为文字是广告设计的三要素之一(如在海报、书籍封面、包装、户外广告等设计中)。

3)形状工具的加减

形状工具的加减是按照自己的设计方向对形状的一次再编辑,在本书中多次出现形状工具的加减,可见它的重要性。具体操作可参照本项目实训 1 "易拉宝设计"和本节案例。

4)剪贴蒙版

剪贴蒙版的基本概念:某图层建立剪贴蒙版后,它和相邻的下一图层(称为基底图层)便形成剪贴组。可将建立了剪贴蒙版的图层称为关联图层。如果基底图层是一个透明图层,那么,在这个透明图层上写字作图后,关联图层就会按照基底图层的文字和图形被抠出来。

剪贴蒙版创建方法:

①执行【图层】→【创建剪贴蒙版】命令;

②右键单击图层缩略图右侧空白处,在弹出的菜单中用左键单击"创建图层蒙版"。

6. 职业快餐

(1)地铁站台广告案例,如图 5-72 所示。

(2)公交站台广告案例,如图 5-73 所示。

图 5-72　　　　　　　　　　图 5-73

Guanggao Sheji Xiangmu Shixun

项目六
界面篇

界面是人与机器之间传递和交换信息的媒介,包括硬件界面和软件界面,是计算机科学与心理学、设计艺术学、认知科学、人机工程学的交叉研究领域。近年来,随着信息技术与计算机技术的迅速发展,网络技术的突飞猛进,人机界面设计和开发已成为国际计算机界和设计界最为活跃的研究方向。

随着产品屏幕操作的不断普及,用户界面已经融入我们的日常生活。一个设计良好的用户界面,可以大大提高工作效率,使用户从中获得乐趣,减少由于界面问题而造成的用户咨询与投诉,减轻客户服务的压力,减少售后服务的成本。因此,用户界面设计对于任何产品和服务都极其重要。

好的用户界面应该集实用、易用、美观于一体。如果软件的功能不实用,不能为用户解决问题,那么,不管这个软件是否易用和美观,用户都不会使用这个软件。如果两个软件的功能和价格都差不多,那么,易用性就成为用户选择的第一标准。哪款软件更好操作、效率更高,用户就会选择哪款软件。如果两个软件的功能、价格、易用性都差不多,那么用户一定会选择更加美观的那款软件。

实训 1
界面图标设计

在软件界面设计中,首先让人想到的是交互设计与视觉设计,渗透这两者之间的还有图标设计。为什么说图标设计渗透于交互设计与视觉设计两者之间呢?首先图标是视觉效果的一部分,图标的整体设计、细节绘制都会影响到整个界面的视觉好坏,毋庸置疑视觉的设计在图标设计中占有重要的地位;同时,图标主要的作用在于让用户快速地熟悉该软件的功能,减少软件使用的阻力,提高工作的效率,所以交互设计也是图标设计的一个重要部分,而且是一个不可或缺的设计环节。图标在软件界面中有着举足轻重的地位。一套图标不仅需要整体风格一致,而且还需要与界面整体的风格相匹配,不同的界面风格需要特定的图标与之配套,才可以达到界面的和谐。

1. 职业素质

1)图标的尺寸

图标的尺寸有很多,一般在 C/S 或 B/S 架构系统界面使用的有以下三种:16 像素×16 像素,通常应用于一级工具栏或二级工具栏;24 像素×24 像素,通常应用于一级工具栏;32 像素×32 像素,通常应用于一级工具栏和主菜单。

2)图标的格式

一般的图标格式有以下几种:PNG、GIF、JPG、ICO。

①PNG:无损压缩格式,支持透明,兼顾图像质量和文件大小,但是 PNG 格式在网页中,IE 6.0 以及之前所有版本浏览器,不支持透明和半透明。

②GIF:网页图片常用格式,支持透明,优点是压缩的文件小,支持 GIF 动画;缺点是不支持半透明,透明图标的边缘会有锯齿,要解决此问题,必须进行图标的边缘像素化处理。

③JPG:有损压缩,优点是文件小,图像颜色丰富,缺点是不支持透明和半透明。

④ICO:Windows 系统的图标文件格式,支持多通道透明,支持 32 位真彩色,可以通过 IconWorkshop 等软件进行 ICO 格式与其他格式的相互转换。

2. 案例分析

此案例为 QQ 云端图标设计，将 QQ 和云很好地融为一体，组建了一个令人难忘并且具备隐喻的图标，是识别性极高的一个案例，富有意义和功能性。

3. 设计要求

(1)捕捉对象的重要特征。

(2)让图标简单、通用，让图标适应一系列的项目。

(3)色彩运用与主题吻合。

(4)创建一个有趣的、富有隐喻的图标。

4. 设计过程

(1)新建文件，执行【文件】→【新建】命令或按"Ctrl＋N"组合键，参照图 6-1 所示设置"新建"对话框，创建名为"浏览器"的文档。尺寸为 600 像素×600 像素，分辨率为 300 像素/英寸，颜色模式为 RGB 颜色。

(2)将背景图层填充为蓝色到白色的渐变。单击工具栏中的"渐变工具"，在属性栏中选择"线性渐变"，如图 6-2 所示。

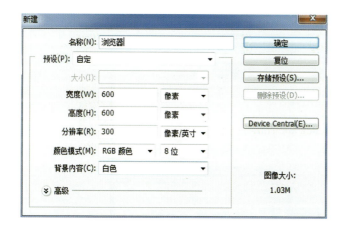

图 6-1　　　　　　　　　　　　　　　图 6-2

(3)绘制矢量大圆。单击工具栏中的"椭圆工具"，在属性栏中选择形状工具，按住"Shift"键绘制正圆，会自动生成形状图层，将图层"形状 1"更名为"大圆环"，此图层为矢量图层，如图 6-3 所示。

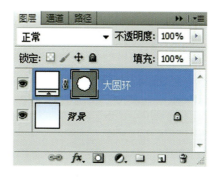

图 6-3

(4)同心圆相减得圆环。依然选用"椭圆工具"，在属性栏中选择"从形状区域减去"，按住"Shift"键绘制小正圆，得不规则圆环，如图 6-4 所示。

(5)调整小圆在大圆中的位置。单击工具栏中的"路径选择工具" ,同时选择大圆和小圆,属性栏将出现对齐方式 ,单击"水平居中对齐"和"垂直居中对齐",得到标准的圆环,如图 6-5 所示。

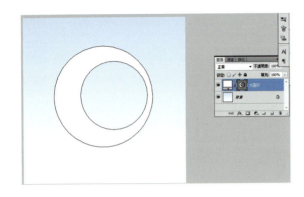

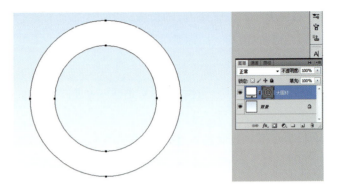

图 6-4　　　　　　　　　　　　　　　　　　　　图 6-5

(6)给圆环填充渐变。该圆环是矢量蒙版,无法正常使用工具栏中的渐变工具填充渐变,需要对大圆环图层添加图层样式渐变叠加,如图 6-6 所示。

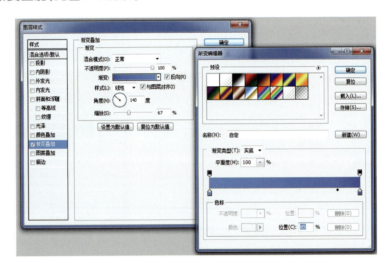

图 6-6

(7)载入大圆环选区,制作高光部分。按住"Ctrl"键单击图层中的矢量蒙版缩略图载入选区并新建"高光"图层,选用工具栏中的"渐变工具" 填充浅蓝到透明的渐变,如图 6-7 所示。

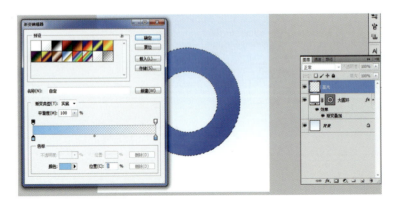

图 6-7

(8)制作小圆环。方法同制作大圆环相似,也可以将大圆环图层直接复制,更改图层名为"小圆环",用快捷键"Ctrl+T"自由变换路径将大圆环缩小,缩小的同时按住"Shift+Alt",将呈现四周向中心的缩小,如图 6-8 所示。

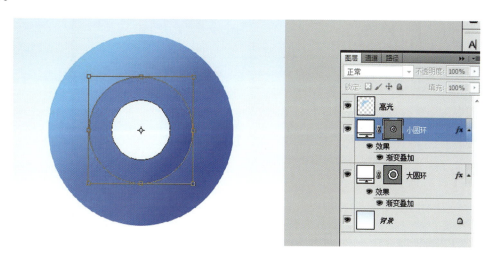

图 6-8

(9)调整小圆环的宽度。单击工具栏中的"路径选择工具" 选择最小的圆形,按住"Ctrl+T"组合键自由变换路径将小圆放大,按住"Shift+Alt"组合键将呈现从中心向四周扩散,如图 6-9 所示。

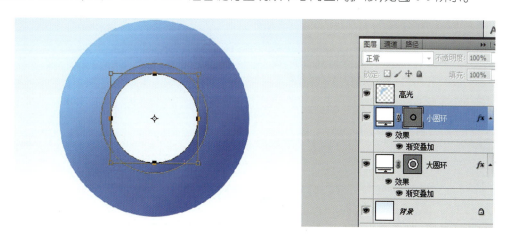

图 6-9

(10)小圆环填充渐变。将小圆环图层添加图层样式渐变叠加,如图 6-10 所示。

(11)绘制云朵。水平设置参考线,与大圆环底部贴齐,以便使云朵底部与大圆环底部一致,新建云朵图层,单击工具栏中的"椭圆选框工具",按住"Shift"键画正圆,如图 6-11 所示。

(12)为绘制好的云朵填充渐变。单击工具栏中的"渐变工具",在属性栏中选择"径向渐变",如图 6-12 所示。

(13)将绘制好的云朵复制两个,分别调整它们的大小、位置和图层顺序,如图 6-13 所示。

(14)将云朵与大圆环联系起来。新建圆弧图层,单击工具栏中的"钢笔工具",绘制云朵与大圆环的连接部分,如图 6-14 所示。

(15)将圆弧路径转换成选区,并填充白色。执行【选择】→【载入选区】命令,将圆弧变成浮动的选区,填充白色,如图 6-15 所示。

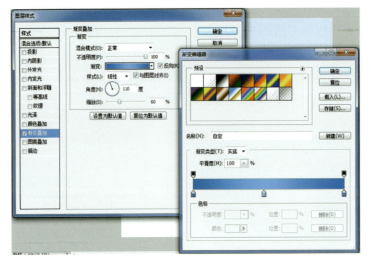

图 6-10

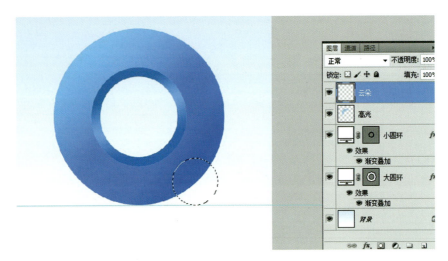

图 6-11

图 6-12

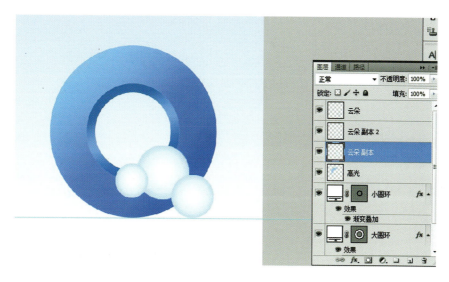

图 6-13

图 6-14

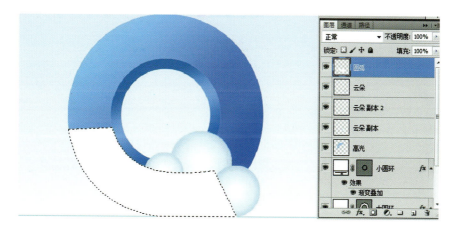

图 6-15

(16)将前景色设置成云朵的浅蓝色,按住"Ctrl"键单击图层中圆弧的缩略图再次载入圆弧选区,单击工具栏中的"画笔工具" 绘制圆弧的阴影部分,如图 6-16 所示。

图 6-16

(17)单击工具栏中的"橡皮擦工具" ,擦去圆弧与云朵多余的部分,单击工具栏中的"画笔工具" ,将圆弧与云朵中缺失的部分补上来。这两个工具大小在属性栏中可调整,硬度为 0。效果如图 6-17 所示。

图 6-17

(18)与绘制圆弧方法相同,绘制小圆弧,图层顺序在云朵副本之下,如图 6-18 所示。

(19)新建图层,绘制亮光。单击工具栏中的"画笔工具" ,选择星形画笔绘制亮光,效果如图 6-19 所示。

图 6-18   图 6-19

(20)新建图层"投影",为图标制作投影。将前景色设置为深灰色,单击工具栏中的"画笔工具" 绘制投影,调整图层顺序,将投影图层设置在背景图层之上,如图 6-20 所示。

(21)单击工具栏中的"矩形选框工具"和"橡皮擦工具"擦去投影的多余部分,图标完成,保存为 psd 格式,如图 6-21 所示。

图 6-20

图 6-21

5.知识点总结

1)图标常用尺寸

图标常用尺寸如表 6-1 所示。

表 6-1 图标常用尺寸

屏幕 图标	iPhone & iPad (163 ppi)/ (像素×像素)	高清屏 iPhone4 (326 ppi)/ (像素×像素)	iPad(132 ppi)/ (像素×像素)	高清屏 iPad (264 ppi)/(像素×像素)
桌面程序图标	57×57	114×114	72×72	144×144
App Store 图标	512×512	1024×1024	512×512	1024×1024
启动画面	320×480	640×960	768×1004(竖) 1024×748(横)	1536×2008(竖) 2048×1496(横)
设计与 Spotlight 搜索	29×29	58×58	50×50(Spotlight 搜索结果) 29×29(设置)	100×100(Spotlight 搜索结果) 58×58(设置)
文档图标(自定义文档类型时用)	22×29	44×58	64×64 320×320	128×128 640×640
网页桌面快捷方式(推荐所有网站使用)	57×57	114×114	72×72	144×144
工具栏与导航栏图标(可选)	约 20×20	约 40×40	约 20×20	约 40×40
选项卡图标(可选)	约 30×30	约 60×60	约 30×30	约 60×60
App Store 中默认报摊封面图标	长边至少 512 像素	长边至少 1024 像素	长边至少 512 像素	长边至少 1024 像素

2)画笔工具

Photoshop 画笔,也称为 PS 笔刷,是 Photoshop 中预先定义好的一组图形。画笔的文件格式是.abr,用户看到的任何图像都可以定义为画笔。Photoshop 只存储图像的轮廓,用户可以使用任意颜色对图像进行填充。提供画笔的目的是方便用户快速地创作复杂的作品,一些常用的设计元素都可以预先定义为画笔。

画笔(笔刷)安装方法:执行【编辑】→【预设管理器】→【载入】命令,然后选择已下载在硬盘里面的画笔(笔刷)。

PS 画笔工具的运用。

按下"B"从工具栏选择画笔工具,如果选中了铅笔就按"Shift＋B"切换到画笔。然后按下"D",它的作用是将颜色设置为默认的前景黑色、背景白色。也可以单击工具栏颜色区的默认按钮。单击蓝色箭头处将交换前景色和背景色,即前景色将变为白色而背景色将变为黑色,它的快捷键是"X"。

3)橡皮擦工具

打开工具栏橡皮擦工具时弹出的扩展工具有三个:橡皮擦工具、背景橡皮擦工具和魔术橡皮擦工具。

①在工具栏选择橡皮擦工具或在键盘上按一下"E"。橡皮擦的快捷键是键盘上的"E",它的作用是擦去不要的部分。如果要擦背景图层,那它擦去的部分就会显示为设定的背景色(例如,背景色是红色,擦去的部分会显示为红色);如果设置为普通图层,擦掉的部分会变成透明区(即马赛克状)。

②橡皮擦工具的属性栏：

a. 可设置橡皮擦工具的大小,以及它的软硬程度。

b. 模式。模式有三,即画笔、铅笔和块。如果选择"画笔",它的边缘显得柔和,也可改变"画笔"的软硬程度;如选择"铅笔",擦去的边缘就显得尖锐;如果选择"块",橡皮擦就变成一个方块,就有轮弯转。

c. 在选择"模式"中的"画笔"时,如果在原有图片上再加一张图片,将"不透明度"设定为 100%,可以 100%地把后图擦除;如果将"不透明度"设置为 50%,则不能全部擦除而呈现透明的效果。

6. 职业快餐

(1)相机图标设计案例,如图 6-22 所示。

(2)社区交流图标设计案例,如图 6-23 所示。

图 6-22

图 6-23

实训 2
登录界面设计

对于广大用户而言,登录界面就是一扇大门,变得越来越常见,比如,进入银行系统必先登录,进行网购必先登录,进入邮箱也需要先登录。QQ 邮箱的登录界面如图 6-24 所示。

图 6-24

1. 职业素质

1) 登录界面的内容

登录界面的内容是根据企业、品牌、软件的需求而定的,主要内容有 LOGO、软件名称、企业宣传语、广告区、登录区、提示信息区、版权信息、客服条款、隐私声明、帮助反馈等。

2) 登录界面的尺寸标准

与其说尺寸有标准,不如说登录界面需要适配性和良好的操作感受。以较小的分辨率为基准,定义了登录界面的尺寸为 800 像素×600 像素的标准(WAP 登录界面另行考虑),那么登录界面的有效设计区域为:宽小于 800 像素,高小于 600 像素。

3) 登录界面的布局

根据美学原则和视觉流程,将登录界面分为左右布局、上下布局、中心布局。

2. 案例分析

此案例为三款社交网站登录界面,简洁大方、识别性高、中心布局,涵盖了三个有代表性的图标,账号、密码窗口明确,如图 6-25 所示。

图 6-25

3. 设计要求

（1）包括版权信息，用户名、密码输入框，登录及退出按钮。

（2）选中登录按钮时或者选中退出按钮时要有变化。

（3）选中为彩色，未选中为灰色。

（4）背景以白色为主。

4. 设计过程

（1）新建文件，执行【文件】→【新建】命令或按"Ctrl＋N"组合键，参照图 6-26 所示，设置"新建"对话框，创建名为"登录界面"的文档。尺寸为 670 像素×460 像素，分辨率为 72 像素/英寸，颜色模式为 RGB 颜色。

图 6-26

（2）制作底纹：执行【文件】→【置入】命令，打开素材中的"背景"图片。置入后图片为智能对象，需要在页面中心双击鼠标左键，恢复成正常显示状态，在图层中显示为智能对象缩略图 ●，如图 6-27 所示。

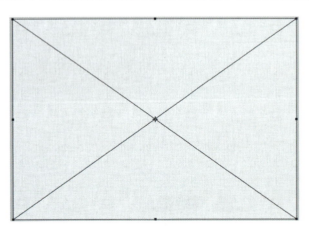 

图 6-27

（3）制作白色的底框 1：设置前景色为白色，单击工具栏中的"圆角矩形工具" ，无须添加新图层，此工具自动生成图层。单击 工具，在属性栏中固定其大小，将其半径设置为 5 像素，在画面中单击鼠标左键得圆角矩形，如图 6-28 所示。

（4）制作白色的底框 2：在白色圆角矩形上加入另一个长条圆角矩形。单击 工具，在属性栏中固定其大小：W 设置为 17.7 厘米，H 设置为 2.3 厘米，半径设置为 5 像素。按住"Shift"键同时单击鼠标，两圆角矩形就相加了。选用工具栏中的"路径选择工具" ，调整两个圆角矩形的位置，如图 6-29 所示。

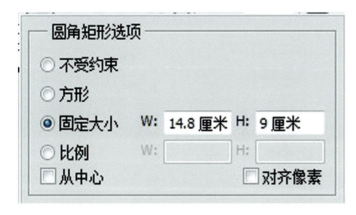

图 6-28

(5)给白色底框添加图层样式,增加立体感。双击白色底框图层,弹出"图层样式"对话框,设置参数,如图 6-30 所示。

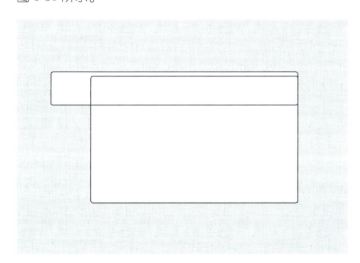

图 6-29

图 6-30

(6)复制 3 个"白色底框"图层,得白色底框副本、副本 2、副本 3。用键盘中的上箭头调整各副本的位置,如图 6-31 所示。

(7)制作输入框 1:单击工具栏中的"圆角矩形工具" ▢,在属性栏中固定其大小:W 设置为 11.5 厘米,H 设置为 1.2 厘米,半径设置为 3 像素。在画面中单击鼠标左键得圆角矩形,双击该图层添加投影和内阴影图层样式,参数如图 6-32 和图 6-33 所示。

(8)制作输入框 2(密码框)和勾选框:勾选框图层样式需要增加描边,大小为 1 像素,位置为外部,颜色为灰色,效果如图 6-34 所示。

图 6-31

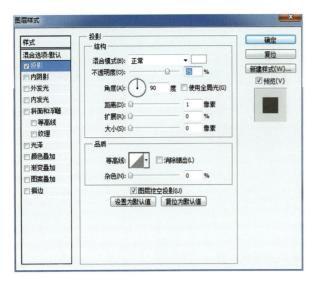

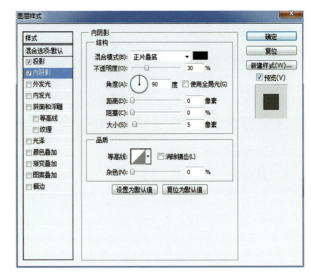

图 6-32　　　　　　　　　　　　　　　　　图 6-33

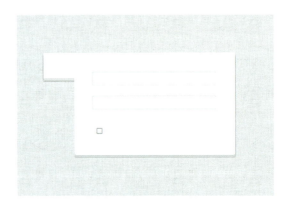

图 6-34

(9)制作按钮:单击工具栏中的"圆角矩形工具",在属性栏中固定其大小:W 设置为 3.2 厘米,H 设置为 1.3 厘米,半径设置为 5 像素。在画面中单击鼠标左键得圆角矩形,双击该图层添加图层样式,参数如图 6-35 至图 6-38 所示,效果如图 6-39 所示。

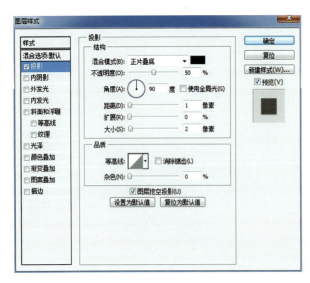

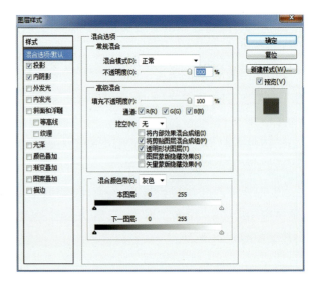

图 6-35　　　　　　　　　　　　　　　　　图 6-36

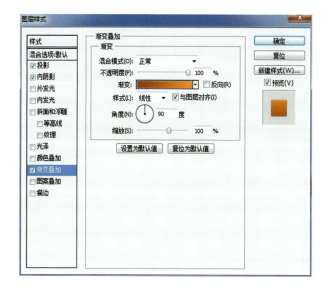

图 6-37

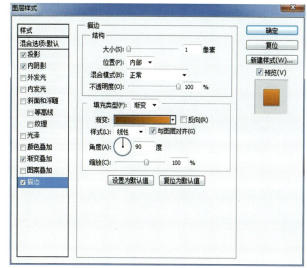

图 6-38

（10）制作输入框右端的按钮：方法与制作按钮相同，圆角矩形参数略小：W 设置为 1.2 厘米，H 设置为 1.2 厘米，半径设置为 1 像素，图层样式与按钮相同，在"渐变叠加"上色彩有改变，如图 6-40 所示。

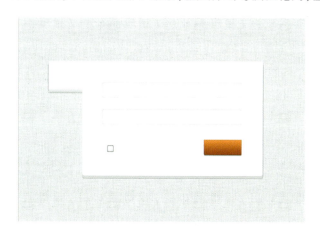

图 6-39

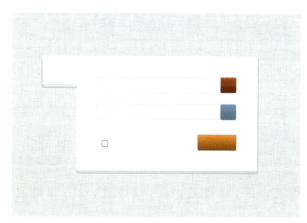

图 6-40

（11）新建图层 user，单击工具栏中的"钢笔工具"创建路径，绘制简单的人形图标，并将路径转换成选区，填充深灰色，给 user 图层添加图层样式，参数如图 6-41 至图 6-43 所示。

（12）新建图层 lock，绘制 lock 的简单图标，方法同上，对图层添加图层样式同上，颜色叠加换成深蓝色，效果如图 6-44 所示。

（13）制作 facebook 立体图标：单击工具栏中的文字工具输入小写字母"f"，文字大小为 40 点，选用粗壮的字体，填入蓝色。单击鼠标右键，选择"栅格化文字"，给 facebook 图层添加图层样式，参数如图 6-45 至图 6-47 所示。

（14）制作 twitter 立体图标：执行【文件】→【置入】命令，打开素材中的"twitter.psd"文件，在画面上将生成小鸟形状的智能对象，双击画面小鸟进入可编辑状态，给图层 twitter 添加图层样式，方法与 facebook 图层相同，将颜色叠加换成浅灰色，参数如图 6-48 所示。

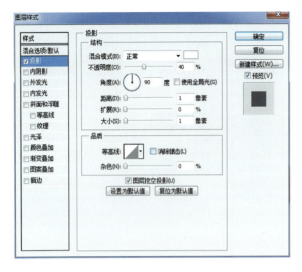

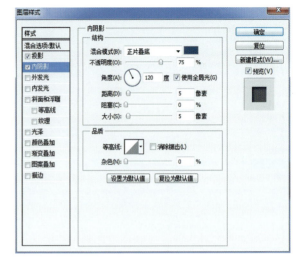

图 6-41   图 6-42

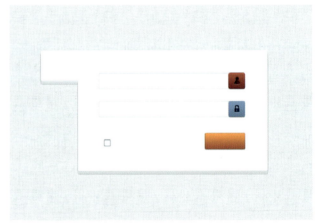

图 6-43   图 6-44

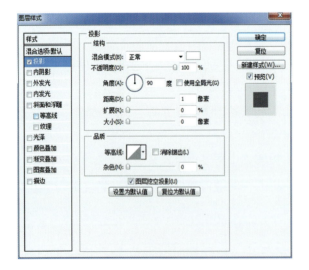

图 6-45   图 6-46

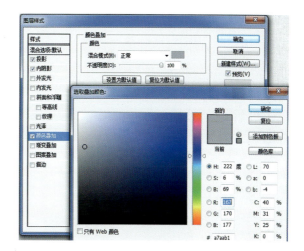

图 6-47　　　　　　　　　　　　　　图 6-48

(15)制作 google+立体图标:执行【文件】→【置入】命令,打开素材中的"google+.psd"文件,方法同上。效果如图 6-49 所示。

(16)制作 tooltip 框:单击工具栏中的"矩形工具"，绘制出黑色矩形,用钢笔在矩形的左侧增加三个节点,选择中间的节点向左位移,效果如图 6-50 所示。

(17)单击工具栏中的文字工具输入文字信息,调整字体、大小、颜色、位置,绘制完毕,保存为 psd 格式,效果如图 6-51 所示。

图 6-49　　　　　　　　　　　　　　图 6-50

图 6-51

5. 知识点总结

智能对象是一个嵌入当前文档的文件,它既可以是光栅图像,又可以是在 Illustrator 中创建的矢量对象。在 PS 中处理它时,不会直接给原始数据造成任何实质性的破坏。双击智能对象,可以在一个单独的窗口中打开,进行修改后,重新存储,PS 中的智能对象会自动更新结果。在图层面板中选择智能对象,执行【图层】→【栅格化】→【智能对象】命令,可以栅格化智能对象的内容,使它转换为普通图层。

6. 职业快餐

(1)企业登录界面设计案例,如图 6-52 所示。

(2)游戏登录界面设计案例,如图 6-53 所示。

图 6-52

图 6-53

实训 3
GIF 动画设计

GIF(graphics interchange format,图像互换格式)动画图片是在网页上常常看到的一种动画形式,画面活泼生动,引人注目,不仅可以吸引浏览者,还可以增加点击率。GIF 文件的动画原理是,在特定的时间内显示特定画面内容,不同画面连续交替显示,产生了动态画面效果。所以在 Photoshop 中,主要使用"动画"面板来设置制作 GIF 动画。

1. 职业素质

"动画"面板(帧模式),如图 6-54 所示。

2. 案例分析

此案例为 GIF 小动画,进度小蜗牛在画面上由慢到快地爬行着,简洁的底色与蜗牛爬过的绿色线条形成鲜明的对比,蜗牛可爱的形态,使网友们在等待中忘记了烦恼,如图 6-55 所示。

3. 设计要求

(1)主题突出、寓意深刻。

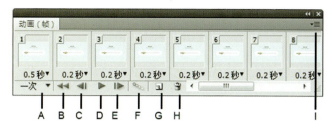

A—播放模式　B—选择第一个帧　C—选择上一个帧　D—播放动画　E—选择下一个帧
F—过渡动画帧　G—复制选定的帧　H—删除选定的帧

图 6-54

图 6-55

(2)作品大气、生动、有趣,关键要有创意、有感染力,能让多数人一眼就看出其所表达的意思,达到宣传的效果,且必须是原创。

(3)必须是彩色原稿,能以不同的比例尺寸清晰显示。

(4)格式要求:必须是 GIF 动画,不是静态图片。

4. 设计过程

(1)新建文件,执行【文件】→【新建】命令或按"Ctrl+N"组合键,参照图 6-56 所示设置"新建"对话框,创建名为"动画设计"的文档。尺寸为 670 像素×420 像素,分辨率为 72 像素/英寸,颜色模式为 RGB 颜色。

(2)新建图层组和图层,单击"图层"面板底部的"创建新组"按钮,双击图层组名称命名为"文字";按相同的方法创建"轨道""蜗牛"图层组,如图 6-57 所示。

(3)背景填入蓝色:设置前景色,R 为 221,G 为 232,B 为 234,按住"Alt+Backspace"组合键快速给背景图层填入蓝色,参数如图 6-58 所示。

(4)编辑文字图层组:输入动画中要出现的文字,并调整字体、大小、位置,三段文字处于同一位置,但出现的时间不同,如图 6-59 所示。

(5)编辑轨道图层组:单击工具栏中的"圆角矩形工具",半径设置为 50 像素,分别绘制白底、阴影槽、绿条三个图层,对阴影槽和绿条添加图层样式,并复制两个短一些的绿条制作后期蜗牛爬过的痕迹,效果如图 6-60 所示。

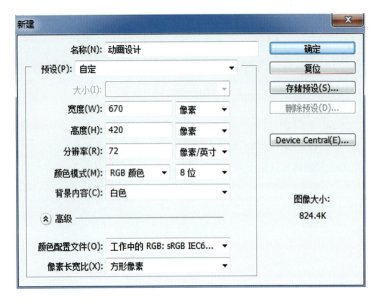

图 6-56

图 6-57

图 6-58

图 6-59

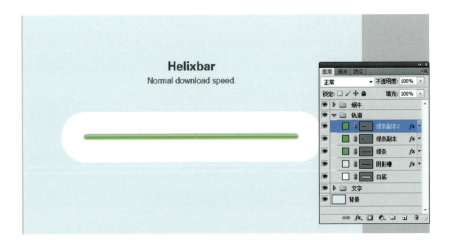

图 6-60

（6）编辑蜗牛图层组：执行【文件】→【打开】命令，打开素材中的形态各异的"蜗牛"文件，将不同形态的蜗牛多次复制到"动画设计"文件中的蜗牛图层组，便于制作不同帧的蜗牛状态，如图6-61所示。

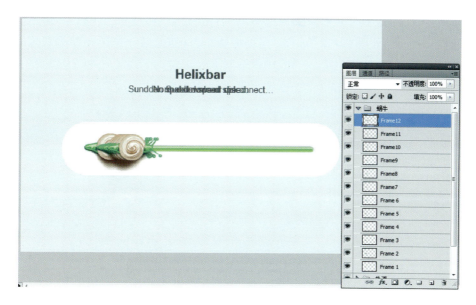

图 6-61

(7)执行【窗口】→【动画】命令,弹出动画制作框并生成第一帧动画,如图 6-62 所示。在这个制作框中单击 复制所选帧,控制每一帧图层的可见性来制作动画。

图 6-62

(8)在第一帧中将蜗牛图层组中的 Frame2～Frame12 的蜗牛图层单击 ,使其变为不可见的状态;同时,关闭文字图层组中的两个含"Sudden"的图层;关闭轨道图层组中的绿条图层。效果如图 6-63 所示。

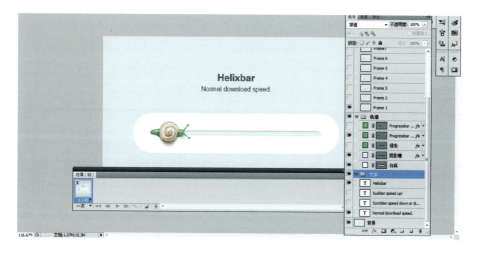

图 6-63

(9)制作第二帧,单击动画制作框中的 复制所选帧,使第二只蜗牛呈可见状态,使其他蜗牛图层不可见并调整第二只蜗牛的位置,让图层"绿条副本"呈可见状态,其他图层保持第一帧的状态。效果如图6-64所示。

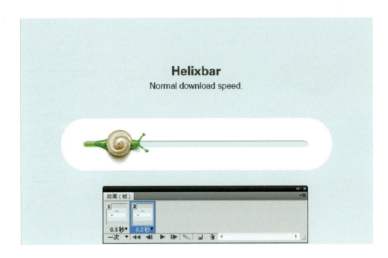

图 6-64

(10)方法同上,利用不同形态的蜗牛制作艰难往前爬的过程,调整第一帧的时间为0.5秒、后面各帧的时间为0.2秒,直到第十帧蜗牛都维持较慢的速度,如图6-65所示。

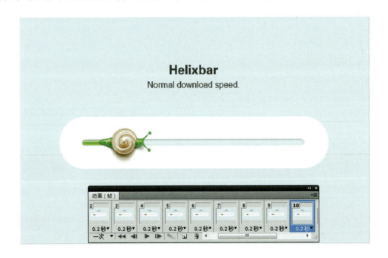

图 6-65

(11)制作中速移动的蜗牛:单击动画制作框中的 复制所选帧开始制作第十一帧,使其他蜗牛图层不可见,使第十只蜗牛呈可见状态并调整其位置,让文字图层组中的"Sudden speed down or disconnect…"呈可见状态,关闭"Normal download speed",其他图层保持第一帧的状态。效果如图6-66所示。

(12)制作快速移动的蜗牛:方法同上,开启和关闭相应图层,效果如图6-67所示。

(13)在动画制作框中单击播放键,检查动画效果是否合理,不合理可再次调整各帧的播放时间,合理就可导出GIF动画了,注意储存时找不到GIF格式,如图6-68所示。

(14)导出GIF动画:执行【文件】→【储存为Web和设备所用格式】命令,弹出对话框,单击"存储"即可,如图6-69所示。

图 6-66

图 6-67

图 6-68

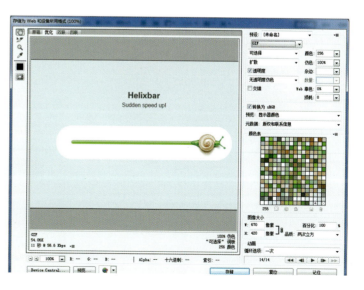

图 6-69

(15)一个简单实用的 GIF 小动画就生成了,效果如图 6-70 所示。

图 6-70

5. 知识点总结

(1)动画。GIF 动画是在网页上常常看到的一种动画形式,画面活泼生动,引人注目,不仅可以吸引浏览者,还可以增加关注度和点击率。GIF 文件的动画原理是,在特定的时间内显示特定画面内容,不同画面连续交替显示,产生动态画面效果。所以在 Photoshop 中,主要使用动画面板来设置制作 GIF 动画。本节详细阐述了动画的制作过程。

(2)GIF 动画的存储。

6. 职业快餐

(1)淘宝电商 GIF 动画案例,如图 6-71 所示。

(2)国画风格 GIF 动画案例,如图 6-72 所示。

图 6-71　　　　　　　　　　图 6-72

参考文献
References

[1] 白光泽,李冬影,张程. 广告设计[M]. 武汉:华中科技大学出版社,2011.
[2] 韩光军. 现代广告学[M]. 3版. 北京:首都经济贸易大学出版社,2003.
[3] 吴健安. 市场营销学[M]. 3版. 北京:高等教育出版社,2007.